도시 버리기

로컬 이주 가이드

───────

이 책은 2021년 대한민국 교육부와 한국연구재단의 지원을 받아 수행한 연구
이다. (과제번호: NRF-2021S1A3A2A01096330)

서강대학교 SSK(Social Science Korea) 지역재생 연구팀은 교육부(한국연
구재단)의 지원을 받아 지역창업과 중간지원조직을 중심으로 지역변화의 가
능성을 연구하고 있다.

도시 버리기

로컬 이주 가이드

사와다 아키히로 지음 · 윤정구 · 조희정 옮김

더가능연구소
THE POSSIBILITY LAB

모두 도시 생활에 찌들어 있다. 코로나 감염 확대에 따른 긴급사태선언이 해제된 지 얼마 안 된 2020년 5월 28일, 서른아홉 살의 나는 효고현 북부의 아와지시(淡路市)에 있었다.

아무 생각 없이 페이스북에 올린 글이 내 SNS 역사상 최고 기록인 '좋아요' 114개를 받았다.

> "아와지시마에서 농사를 시작합니다! 사무실 임대료 1만 5,000엔. 오랜만에 재래식 변소를 보았다. 바다는 걸어서 1분."

이 글과 함께 방 두 개짜리 단독주택 사진과 모래사장에서 뛰노는 아이들 사진을 올렸다. 2주 전에 2년간 취재하여 집필한 『르포 기능실습생』 출판 소식을 페이스북에 올렸을 때와는 너무 다른 폭발적 관심이었다.

아와지시 북동부에 있는 요시정(漁師町)에 집을 빌려 이주하기까지 나는 20년 동안 사양세인 출판업계의 주간지 기자로서 도쿄에서 살았다.

매년 원고료와 취재비가 줄어들었고, 도쿄의 비싼 집세를 내면서 프리랜서로 계속 글을 쓸 수 있을까 하는 불안감에 항상 시달렸다. 지방 출장 횟수는 급감했고, 수도권 기자가 수도권 감각으로 수도권 뉴스를 써대는 상황도 별로 만족스럽지 않았다.

그러다 많은 사람이 그런 것처럼 코로나로 인해 내 삶의 방식도 바뀌었다.

우연히 중학교 동창 가네코 게타(金子慶多, 37세)가 아와지시마에서 농사를 시작했다는 소식을 듣고 함께하려고 이주를 결심했다. 신규영농의 엄한 실태는 제5장에서 자세히 말하겠지만, 도시의 일도 하고 아와지시마에서 농사도 지으면서 겸업농가가 되어 잘 지낼 수 있을 것 같았다.

시골 생활은 방치된 농토 개간부터 시작했다. 아침에 새소리에 눈을 뜨고 밭에서 땅을 갈아엎으며 비 오듯 땀을 흘렸다. 오랫동안 스마트폰보다 무거운 것을 들지 않는 생활을 해온 탓에 몸이 적응하기까지 힘들었지만 어쨌든 땀 흘리는 것 자체가 기분 좋았다.

집에만 머물면서 사육당했던 살이 근육으로 변하고 몸무게는 5킬로그램이나 줄었다. 어깨 근육이 생기면서 어깨 결림도 없어졌다.

확실히 '3밀(三密)'*을 피해 집에 틀어박힌 생활을 해야만 하는 수도권 사람이라면 이런 시골 생활을 '좋아요!'라고 느낄 것이다. 도쿄에서는 어디에 가든 마스크를 해야 하고 건물이 밀집된 곳에서는 마음 놓고 심호흡할 수 있는 장소도 없으니까.

그러나, 아와지시마에는 항구 선착장이나 모래사장, 숲 등 편히 숨 쉴 수 있는 장소가 얼마든지 있다. 피울 곳이 없어 3년 전에 끊었던 담배도 다시 피우게 되었다.

가네코의 소개로 지역주민으로부터 단독주택을 빌렸다. 주차장 포함 월세 4만 엔이고, 180만 엔이면 집을 살 수 있다고 했다. 지내면서 천천히 집을 찾고 싶어서 구입을 미루었지만, 도시에 비하면 이곳의 생활 조건은 무조건 '좋아요'였다.

일이 끝나면 바다로 나간다. 나간다기보다 바로 집 앞이 항구다. 아와지시마는 낚시인에게 인기 지역이라서 고베 출신인 나도 학창시절에 와본 적이 있다. 5월 말 이주할 때는 보리멸과 문어를 잡았지만 여름이 끝나면 갈치와 오징어 철이다. 이 책의 집필이 끝나면 방파제에서 가자미 낚시를 할 예정이다.

계절마다 낚이는 물고기가 바뀌고, 지역 슈퍼 한편을 차지하는 산지 코너의 채소와 과일도 늘 바뀐다. 도쿄인지 지방도시인지 모를 똑같은 모습의 쇼핑몰에서 여름옷에서 가을옷으로만 바뀌는 모습을 보는 것보다 훨씬 좋다. 춥고 더운 것만 느끼는 것이 아니라 눈으로 계절 변화를 보는 것이 훨씬 재미있고 최고로 '좋아요'다.

---

*밀집, 밀접, 밀폐를 의미한다. (역주)

코로나 때문에 인구밀도가 낮은 지방에 관한 관심이 높아지고 있다. 수도권 집중 흐름을 해소하기 위해 정부는 지방이주 보조금을 늘리고 지역부흥협력대* 같은 제도를 만들었다. 인력 부족으로 고민하는 지자체들도 이주자를 대상으로 독자적인 보조금을 지급한다.

그러나 이주는 단순한 이사가 아니다. 삶의 방식 그 자체가 바뀌는 것이다. 아이가 없고, 나처럼 개인사업자로 일하며 부담 없이 움직일 수 있는 사람은 그렇게 많지 않을 것이다.

코로나 백신 개발 등 밝은 뉴스도 나오지만, 이 책의 집필 시점(2021년 1월)에 코로나 변이 바이러스가 출현해서 또다시 긴급사태 선언이 나오는 등 아직도 미래는 불투명하다. 이런 분위기에서 이주를 시작한 사람이 있는가 하면 이주를 검토하고 있는 사람도 적지 않을 것이다.

이 책은 '코로나 이주'를 한 당사자로서 코로나 이주와 이주지원단체, 지자체 등을 취재한 기록이다. 정부와 지자체가 제공하는 이주보조금 등의 정보와 이주할 때 고려해야 할 문제 등을 담아 실용적인 코로나 이주 가이드북을 제공하고자 집필했다.

책의 구성은 다음과 같다.

---

*일본에서 2009년부터 실시한 지역부흥협력대의 정식 명칭은 '地域おこし協力隊', 즉 '지역을 일으켜 세우는 협력대'이다. 우리나라에서는 2015년부터 지역이전협력대, 지역창조협력대, 지역만들기협력대, 지역활성화협력대, 지역진흥협력대, 지역방문협력대 등 여러 가지 명칭으로 부르다가 2015년 말부터는 지역부흥협력대라고 부르기 시작했다. 지역부흥협력대에 대해서는 이 책의 4장에서 자세히 소개한다. (역주)

제1장은 수도권에서 이주한 사람들의 인터뷰 기록이다.

제2장은 이주지원단체와 지자체를 취재하여 코로나 환경에서 이주 동향을 알아보았다.

제3장은 코로나 이주자에게 인기 있는 두 개 지역을 소개한다.

제4장은 2009년부터 지역력 유지 및 강화를 위해 실시하고 있는 지역부흥협력대 제도를 소개한다. 이 제도는 원격근무(remote work) 등과는 인연 없이 일하는 사람에게 가장 현실적인 이주 방법의 하나일 것이다.

제5장은 신규영농의 실태를 다루었다. 농림수산성이 반농반X(半農半X) 지원을 검토하는 등 일본 농업정책은 큰 전환기에 있다. 때마침 코로나로 전원 회귀 움직임이 형성되면서 부업으로서 농업이 주목받고 있다.

제6장은 실용적인 이주 지혜를 모았다. 지방이주는 '좋아요' 투성이가 아니다. 주거 확보나 생활비 문제가 만만찮다. 전원살이에 필수인 중고 자동차 고르는 법까지 이주할 때 유의할 사항을 자세히 소개한다.

마지막 장은 코로나가 초래한 교훈을 썼다.

이 책(원서)의 제목을 '도쿄를 버리자'라고 과장해서 표현했지만, 처음부터 도쿄를 동경하여 살고 있는 사람이 얼마나 될까.

나는 도쿄에서 20년 정도 살았지만 이제 거리는 완전히 색이 바랬다. 처음 도쿄에 왔을 때는 1998년으로 나는 열일곱 살이었다. 시부야 교차로를 인파에 떠밀려 건너면서 TV에서만 보던 태닝걸을 보고 놀라 뒷걸음질 쳤던 기억이 있다. 하라주쿠에는 패션잡지에서만 보던 기발한 패션의 청년들이 가득했다. 신주쿠·가부키초의 분위기는 독특했고 코마극장에는 기이한 외양의 사람이 항상 들락날락했다. 거리마다 독특한 분위기가 있고 색깔이 있었다.

그러나 지금은 모두 유니클로 옷을 입고, 역마다 비슷한 쇼핑 시설이 늘어서 있다. 역 앞의 복고풍 술집 거리를 밀어내고 어디에나 있는 상업 빌딩과 품격 없는 타워맨션이 들어서서 특색 없이 어정쩡하다. 이제 도쿄는 정말 재미없는 곳으로 느껴진다.

지금은 코로나의 영향으로 음식점들이 타격받고 있다. 소규모 음식점은 망하고 그 자리에 비슷한 음식 체인점이 늘어서 있다. 도쿄는 점점 색이 바래가고 있는 것일까.

이 책은 도쿄를 버리고 지방에 이주하라고 재촉하는 것이 아니다. 다만 코로나를 계기로 일하는 방식이 급속히 변하면서 수도권 집중 흐름도 변하고 있는 것은 틀림없는 사실이다.

정부도 그 흐름에 편승하여 이주 교부금을 확대하는 등 적극적인 이주지원정책을 펴고 있다. 이주 여부와 별개로 이 책이 여러분이 '좋아요'라고 생각할 수 있는 인생의 길잡이가 되면 좋겠다.

책의 등장인물 나이는 취재 시점(2020년 11월부터 2021년 1월) 기준이고, 제공받은 사진 외에는 내가 찍은 사진을 사용했다.

목차

제1장

지옥철이여, 안녕

과소지역의 이주촉진주택이 만실로

도쿄 도심부에서 약 100㎞ 떨어진 곳에 있으며 일본 100대 명산으로 꼽히는 아카기산(赤城山) 기슭, 일급하천 와타라세강(度良瀬川) 상류에 있는 군마현 기류시(桐生市) 구로호네정(黑保根町). 가을 단풍철이면, 마을을 지나는 와타라세 계곡철도를 타고 멀리서도 관광객이 찾아온다.

"살기 좋은 니사토(新里), 풍요로운 자연에 둘러싸인 구로호네,
산업이 공존하는, 그러면서 이 셋의 특징을 살린 새로운 시를 만
들자." [오사와 요시타카(大澤善隆) 전 기류시장]

옛 구로호네촌(黑保根村)은 고령화와 인구감소로 117년에 걸친 역사를 접고, 2005년 6월 기류시에 합병되어 구로호네정이 되었다. 2021년 1월 말 기준으로 842세대, 1,717명이 사는 과소화 마을이다. 합병 당시 인구 2,680명에 비해 1,000명이 더 감소했다.

그동안 노력하지 않은 것은 아니다. 기류시는 과소화 내책으로 약 1억 4천만 엔을 들여 2019년 2월 이주촉진주택을 건설했다. 마을에서 유일한 초등학교(학생 33명. 2020년 4월 기준)까지 걸어서 5분 거리에 있는 주택으로서 육아세대 이주를 겨냥했다.

목조주택 6채는 각각 거실과 방 3개 규모고 전부 마루구조다. 전체 면적에 경차 4-5대를 주차할 수 있는 주차장을 포함해 월세는 3만 4,000엔 정도다. 같은 조건이라면 도쿄에서는 주차장 없이 월세만 20만 엔 이상이다.

이주촉진주택은 시외의 전입자, 45세 이하 부부세대, 무주택자 등을 조건으로 2019년 1월부터 입주자를 모집했다. 응모자가 많을 때는 추첨하기로 했기만, 모집을 시작한 지 반년이 지나도 인근 도시에서 한 세대만 입주했을 뿐이다. 2019년 말 시점으로는 두 세대 입주에 그치고 말았다.

마을에서 만난 사람은 이렇게 말했다.

"아무리 풍요로운 자연이 있어도 일이 없으면 사람은 모이지 않아요. 기업을 유치하여 고용을 늘리지 않는다면 누가 오겠어요?"

마을에서도 우려의 소리가 커지는 가운데 코로나로 상황이 급변했다. 2019년 말에 6개 중 4개가 비어있었는데, 2020년 4월부터 8월까지 반년 동안 입주자가 모두 결정되었다.

아들이 처음 별을 보다

도쿄 벤처기업에 근무하는 야마모토 유지(山本祐司, 36세)는 2020년 8월 아내 미오(未央, 32세)와 아들(2세)을 데리고 도쿄에서 이사왔다.

4톤 트럭 가득 실린 이삿짐 정리가 겨우 끝났을 즈음에는 주변은 이미 깜깜했다. 한숨 돌리려고 집 밖으로 나가자 아들이 갑자기 하늘을 바라보며 말했다.

"아빠! 큰 별이 보여요."

도쿄에서 나고 자란 아들은 달을 본 적은 있어도 별은 그림책에서밖에 본 적이 없다. 아들은 노래 〈반짝반짝 작은 별〉을 불렀다.

"반짝반짝 빛나는 하늘의 별아
깜빡깜빡하는 것을 모두 보고 있네
반짝반짝 빛나는 하늘의 별아"

사방이 논으로 둘러싸인 집 앞에서(유지 제공)

그 모습을 보고 부부는 눈물이 글썽거렸다고 회상한다.

"별이 보이는 환경, 그것만으로도 이주하길 잘했다고 첫날부터
생각하게 되었어요."

스스로 일중독이라고 말하는 유지가 이주를 생각하게 된 계기는
코로나 때문이다. 아베신조(安部晋三) 전 총리는 2020년 4월 7일 7
개 도도부현*에 긴급사태를 선언하고, 4월 16일는 그 대상을 전국
으로 확대했다.

---

*도쿄, 가나가와, 사이타마, 지바, 오사카, 효고, 후쿠오카.

긴급사태 발령으로 도쿄 벤처기업에 근무하던 유지와 비영리법인에서 회계업무를 하던 아내 미오도 재택근무를 하게 되었다. 아들이 다니던 어린이집도 임시 휴원을 하고, 가족 세 명이 거의 집 밖으로 나가지 않는 생활을 시작했다.

비싼 집세를 계속 내는 것은 의미가 없다

유지 가족은 도쿄의 타워맨션에서 살았다. 집세는 지금보다 10만 엔 비쌌지만, 넓이는 80% 정도 수준으로 작았다. 원격근무를 하면서 하루하루 의문은 점점 더 커져만 갔다.

"이대로 도쿄에서 비싼 집세를 내고 사는 것이 의미가 있을까?"

일하는 부부 옆에서 아들은 온종일 태블릿으로 영상을 보았다. 층간소음 문제 때문에 집 안에서는 자유롭게 놀 수도 없었다.

"도대체 우리는 어떤 육아를 하고 싶은 걸까?"

밤이면 밤마다 부부가 이야기를 나눈 결과, 결론은 바로 나왔다.

"아들이 자연에서 살아있는 생명체를 접하며 자유롭게 쑥쑥 자라길 바랐어요. 도쿄를 떠나는 것은 불안하지만 우리도 자연으

로 둘러싸인 환경에서 원격근무를 하고 싶었어요. 장단점을 정리
해봐야 어차피 합리적인 결론은 나오지 않을 것 같은 상황이었
죠."

이들 부부는 결단이 중요한 시점이었다고 회상했다.

도쿄에서 멀어지면 안된다

이주지는 기타간토(北関東)로 정했다. 유지는 군마현 기류시, 미
오는 이바라키현 히타치나카시 출신으로 둘의 본가는 모두 기타간
토에 있었기 때문이다.

"양가 부모님의 노후도 그렇고, 뭔가 사정이 생기면 도움받을
수도 있고, 손자를 보여줄 수도 있다는 생각에 그곳으로 정했어
요."

일에 대한 불안은 없었다. 미오는 코로나 이전부터 재택근무 중
심으로 일했고, 유지가 근무하는 벤처기업도 코로나 확산 후 사무
실을 해약하는 등 원격근무 중심으로 일하는 방식을 전환했기 때문
이다.

그러나 본사 기능은 여전히 도쿄에 남겨두었기에 고객과의 회의나
세미나 때문에 도쿄에 가야만 하는 경우도 생길 수 있었다. 즉, 이주

지를 기타간토로 정한 것에는 도쿄에서 가깝다는 이유도 있다.

"백신이 개발되어도 월에 두세 번은 도쿄에 갈 일이 있을 것 같았어요. 지역에서는 자원봉사로 프로보노*를 적극적으로 하고 싶다고 생각했습니다."

5월 25일 긴급사태선언이 해제되자마자 6월에 이주촉진주택을 견학했다.

유지는 기류시 출신이지만 본가에서 구로호네는 차로 1시간 정도로 가까워서 별다르게 먼 지방이라는 느낌은 없었다. 주택은 사방이 논으로 둘러싸여 있었고, 뒤로는 광대한 아카기산이 우뚝 서 있었다.

이제까지 입주자가 없던 이주촉진주택에 발을 들여놓자 넓은 주방이 너무도 매력적으로 보였다. 단층집이어서 예전처럼 위층의 소음을 신경 쓸 필요도 없다.

'여기에 살자'. 유지는 바로 결정했다.

유모차를 끌고 움직이는 휴일의 스트레스가 없다

이주하고 나서 양육환경은 급변했다. 아들은 논에서 개구리와 잠

---

*보유하고 있는 전문지식과 기술을 살려 스스로 하는 사회공헌활동. (역주)

자리를 쫓아다녔다. 근처 농가의 채소 수확을 돕는 일도 즐거워한다. 집을 에워싼 논은 계절마다 색깔이 바뀌고, 가을에는 고시히카리(벼 품종)의 황금빛 이삭이 머리를 숙인다. 농가에서 직접 쌀을 사고 도정해서 밥을 짓는다.

유지는 산책 삼아 아들과 논두렁을 자주 걷는다. 아들은 이제 논의 진정한 팬이 되었다. 밥상머리 교육이라는 흔한 말이 아니라 실제로 살아있는 교육환경이다.

"벼가 쌀이 되고 주먹밥이 되는 거네요."
"물을 먹고 벼가 쑥쑥 자라는 거네요."

보육료를 산정하는 소득기준이 지역마다 달라서 보육료는 도쿄의 어린이집보다 약 1만 엔이 올랐다. 그렇지만 아이가 많은 도쿄의 어린이집과 달리 이곳의 어린이집에는 아들을 포함해 11명뿐이다. 운동장이 넓어서 도쿄의 어린이집보다 2, 3배는 크게 느껴진다.

"운동장 한가운데 흙 동산이 있어서 처음에는 넘어지지 않을까 하고 불안해했지만, 아이들은 열심히 기어오르고 비닐포대를 가지고 미끄럼을 타더군요. 도쿄 어린이집에는 운동장도 없어서 근처 공원에서 놀았거든요.
역시 안심하고 자유롭게 놀 장소가 있다는 게 고맙지요. 선생님이 아이들 모두 맨발로 뛰어다니는데 아들만 적응될 때까지 신발을 신었다고 알려주더라고요."

주말 외출도 편해졌다. 차로 한 시간 거리에 유니클로와 니트로, 코스트코까지 있다. 무엇보다 도쿄에 갈 필요를 느끼지 않게 되었다.

"도쿄에서는 아이를 유모차에 태우고 전차 속에서 주변을 신경 쓰는 것만으로도 피곤해요. 그런데 지방은 아이가 차에서 토하든지 생떼를 부려도 신경 쓸 필요가 없습니다. 장 본 물건도 현관 앞까지 옮길 수 있어요."

중학교에는 탁구부밖에 없다

유지는 '군마 이주대사(移住大使)'를 자처하며 SNS에 구로호네의 생활을 올리고 있다. 댓글에는 언제나 "부럽다"라는 말이 줄을 잇는다.

"온통 살고 싶어지는 부러운 이야기들뿐이니 슬슬 힘든 이야기도 부탁드립니다."

친구로부터는 이런 댓글이 달리기도 했다.
제일 가까운 슈퍼까지 차로 15분 걸리지만 그 대신 지역에서 나는 신선한 채소와 과일을 항상 싼값에 살 수 있다. 어디를 가더라도 차가 필요하지만, 주말 외출 스트레스는 없어졌다.

물론 좋은 것만 있는 것은 아니다. 이들 부부에게도 불안은 있다.

"양육환경은 최고지만 초등학교와 중학교를 합쳐 학생이 54명 뿐이에요. 학생 수가 너무 적으면 사람과 소통하는 법이나 경쟁력이 떨어질까봐 불안하기는 하죠."

지역에 축구클럽은 있지만 이 지역 중학교에는 탁구부뿐이다. 아이가 커서 고등학교나 대학교에 가려면 별수 없이 지역 밖으로 나가야만 할 것 같은 분위기다.

그렇지만 일단 지금은 매일 활기차게 뛰어다니는 아이의 모습에 만족한다. 계속 원격근무를 하는 유지는 월 2-4회, 미오는 월 1회 정도 도쿄에 갈 일이 있지만 큰 부담은 없다.

집에서 가장 가까운 역까지 약 20분이고 거기에서 특급열차를 타면 1시간 40분 만에 도쿄에 갈 수 있다. 매일 가는 것이 아니기 때문에 교통비 부담도 별로 느끼지 않는다.

"시간은 걸리지만 도쿄의 만원전차와 달리 앉아서 갈 수 있어요. 기차 안에서 노트북으로 일할 수도 있고요."

오히려 색다른 환경에서 일에 집중할 수 있으니 좋다고 한다.

코로나 해고로 이주 결심

세키가미 다이스케(関上大佑, 35세)와 에미리(英美里, 25세) 부부도 코로나 때문에 이주촉진주택에 온 경우다.

다이스케는 군마현 쇼와촌(昭和村) 출신이다. 지방의 자동차대학교를 졸업한 후 몇 번의 이직을 했지만 계속 자동차정비 관련 일을 했다.

최근까지 근무하던 회사에서는 주로 트럭과 버스 등 대형차를 기업에 대여하고 그 관리와 정비 업무를 담당했다. 하지만 실적 악화를 이유로 3개월 치 급여를 받는 조건으로 2020년 4월에 자진퇴사 형식으로 퇴사했다.

만원전차를 타기 싫어서 직장에서 도보권 내의 집을 찾아 이사한 지 얼마 되지 않은 때였다. 아내가 이사하고 싶어 했던 그 집은 월세 12만 엔이었고, 별도로 주차장 요금을 월 3만 3천 엔씩 내야 했다.

에미리는 후쿠오카현 출신인데 대학 진학 때문에 도쿄에 왔다. 대학을 졸업한 후에 인재 관련 대기업 파견회사에서 파견사원으로 일했다. 직장은 코로나의 영향으로 일시적으로 자택대기하게 되었지만, 그 기간에도 월급은 100% 지급되었다.

자동차정비사는 2019년에 신설된 외국인 체류자격 '특정기능' 대상 직종에 포함되는 등 인력 부족에 허덕이는 직종이다. 자동차정비사로 경력이 많은 다이스케라면 이직할 수 있는 곳은 많았다.

"자동차정비사는 작은 실수로 사람의 생명을 빼앗을 위험도 있어서 대단히 책임이 무겁고 정신적인 중압감이 큰 직업입니다." (다이스케)

다른 직업에 도전하고 싶다는 마음도 컸고, 도쿄에서 가정을 꾸리기도 어렵다고 느꼈다.

"혹시라도 아이가 태어난다면 큰 집에 살고 싶지만 그러려면 월세가 20만 엔 이상 들 거예요. 언젠가 도쿄를 떠나고 싶었는데 코로나가 떠밀어준 격이죠."

이주지의 집세와 도쿄의 주차장 요금이 같다

3개월 치 급여를 받는 조건으로 퇴사했지만 저금한 돈이 많은 것도 아니어서 도쿄의 비싼 월세를 감당할 수 없겠다는 생각이 들었다. 아내도 같은 생각이었다.

"도쿄는 매력은 있지만 생활비가 너무 많이 들어요. 넓은 집에서 여유롭게 살고 싶다고 생각했습니다." (에미리)

다이스케는 '빈집뱅크'에서 집을 검색했다. 제6장에서 자세히 설명하겠지만 빈집뱅크는 지자체가 빈집의 매각·임대를 희망하는 소유자로터 등록을 받아 빈집 이주를 원하는 사람에게 소개하는 서비스다.

그러나 등록 물건은 대부분 수리비만 수백만 엔이 들 것 같은 노후 주택이어서 바로 살 만한 집은 없었다. 코로나의 영향으로 일자리 찾기도 어렵다. 자동차정비사 일이라면 도쿄에서 충분히 구할 수 있지만, 지방에 가서는 뭔가 다른 일을 하고 싶었다.

그때였다. 스스로 "애향심이 강하다"라고 말하는 다이스케는 지방신문 인터넷판에서 이주촉진주택의 입주자 모집 광고를 보았다.

8월에는 현지를 찾아가서 바로 입주를 결정했다. 집세 3만 4,000엔은 지금 살고 있는 도쿄 집의 주차장 요금과 거의 같았다. 게다가 집은 3배 가까이 넓었다. 여러 대의 차를 댈 수 있는 주차장도 있었다. 비록 일자리는 없었지만.

> "시골은 인력 부족일 테니 도쿄보다 일자리를 얻기가 쉽지 않을까 하고 낙관적으로 생각했습니다." (다이스케)

2020년 10월 세키가미 부부는 구로호네정으로 이사했다. 입주 보증금을 지불하고 나니 남은 돈이 없었다.

처음에는 정부의 이주지원금을 받아야겠다고 생각했다. 이주지원금은 수도권 집중 때문에 발생한 지방의 일손 부족 문제 해결을 위해 시작된 정부의 지방창생 창업지원사업·이주지원사업의 일환으로 2019년부터 지급되는 돈이다. (이 제도에 대해서는 제2장에서 소개한다)

자택 앞의 세키가미 부부

지급 대상은 이주 직전 10년간, 통상 5년 이상 (최근 1년 이상은 도쿄 23구에 살거나 근무해야 함) 도쿄 23구 또는 도쿄권에 거주하며 도쿄 23구에 근무하는 사람으로서 도쿄권 외의 지역으로 이주한 사람이다.

정부 이주지원금 100만 엔을 마주하고

다이스케가 이주하는 기류시는 '보조금 신청일부터 5년 이상 계속 거주 의사가 있는 사람'이면 지원금을 준다. 독신세대는 60만 엔, 부부는 100만 엔의 지원금을 받을 수 있다.

다만 이 이주지원금의 문제는 일자리다. 지원금을 받기 위해서는 지자체의 매칭사이트에 게재된 기업에 취직해야 한다. 그런데 행정의 홍보 부족 탓인지 전국적으로 구인 기업 수와 이용자 수 모두 적다. 민간 구인 매체와 헬로워크*에서 자유롭게 일을 찾기도 어려웠다.

그 와중에 다이스케는 4개 기업에 지원해서 2개 기업에 합격했다. 그런데 문제는 한 곳은 요양사업소여서 급여가 너무 낮았고, 한 곳은 운송회사여서 다이스케가 그만하고 싶은 자동차정비 일을 또 해야만 하는 곳이었다.

돈도 떨어져 가는 어려운 상황에서 다행히 아내 에미리의 일자리가 정해졌다. 사무직 정사원으로 급여는 18만 엔 정도다. 그 정도면 어찌어찌 생계는 이어갈 수 있다. 다이스케는 운전면허가 없는 에미리의 출퇴근을 차로 도우면서 새로운 일자리를 찾고 있다.

여전히 다이스케는 크게 비관하지 않는다.

> "시골의 구인은 바로 들어와서 일하기를 바라는 곳이 많아서 정구하지 못하면 다시 자동차정비사로 일할지도 몰라요. 하지만 기왕에 큰맘 먹고 생활비가 싼 시골에 이주했기 때문에 성급하게 일을 구하고 싶지는 않습니다. 1년에 400만 엔 정도면 이곳에서 아이도 낳고 가족이 행복하게 살 수 있을 것 같아요."

---

*헬로워크(http://www.hellowork.mhlw.go.jp)는 우리나라 고용노동부의 워크넷과 같은 구직 사이트이다. (역주)

에미리도 벌레 울음소리와 새소리가 들리는 조용한 환경에 만족한다. 주말은 당일치기로 가까운 온천에 가는 등 바로 시골 생활에 빠져든 듯하다.

조건은 '신칸센이 서는 곳'

원격근무 하기 어려운 자동차정비 같은 일을 하는 사람에게 있어서 일자리 확보는 가장 큰 이주 과제다. 지방은 영세기업이 대부분이어서 초보자를 가르칠 여유가 없는 반면 경력자의 급여는 매우 낮다.

이 시점에서 코로나 이주를 하는 것은 원격근무를 할 수 있는 일부 대기업과 IT 관련 기업에서 일하며 소득수준이 높거나 나 같은 프리랜서 등 일하는 장소에 제약이 없는 사람들에만 한정된 이야기일 것이다. 이런 처지인 사람들은 서서히 도쿄를 떠나 저밀도의 지방으로 움직이고 있다.

IT 대기업 빅글로브의 직원인 히라사와 쇼지로(平澤庄次郎, 36세)는 2020년 8월 말 가나가와현 오다와라시(小田原市)로 이주했다.

이주하기 전에는 "어쨌든 만원전차가 싫다"라며 회사에서 도보로 10분 거리에 있는 월세 7만 8,000엔의 임대아파트에 살았다. 코로나 확산 후에는 월 1회 출근했다.

히라사와는 주로 영업사원 지원업무를 하는데, 기술적 지원이나 고객으로부터 의뢰받은 견적서 작성 등을 한다. 영업 전선에서 일하지 않기에 원격근무로 해도 무방한 일이다.

결코 넓다고 할 수 없는 좁은 아파트에서 일을 계속하던 중에 문득 어떤 생각이 떠올랐다.

"회사 가까이 있다는 것이 무슨 의미가 있을까? 이주하자."

2020년 7월 초의 일이었다.

히라사와는 시즈오카현 이토시(伊東市) 출신이다. 이토시는 이즈반도 동부에 있는데 그곳 이즈고원은 별장지로 유명하다. 그의 본가는 이즈고원에 있다. 수려한 경치 속에서 원격근무를 하는 자기 모습을 잠시 상상해보았지만 가는 기차편도 적고 너무 멀었다.

"매월 한 번 정도는 출근해야 하고, 무슨 일이 생기면 바로 도쿄로 갈 수 있는 거리의 지역을 바랐다."

히라사와가 이주지를 결정하면서 제일 중요하게 고려한 것은 '신칸센 정차역이 있을 것'이었다. 그 기준으로 본가에 가까운 곳을 찾아보니 가나가와현의 오다와라역과 시즈오카현의 미지마역으로 좁혀졌다.

최종적으로는 오다와라시에서 원하는 집을 찾아서 7월 말에 임대계약을 했다. 월세는 1만 5,000엔 줄었고, 면적은 2배 늘었다.

수도권 거주 젊은이의 40%가 지방이주에 관심

오다와라에서 시나가와까지 신칸센으로 불과 26분이 걸린다. 시나가와에서 다른 신칸센으로 갈아타면 회사까지 약 1시간 걸린다. 일반열차를 갈아타도 1시간 반이라서 가까운 편이다. 회사는 승차권만 교통비로 인정해주기 때문에 집에 갈 때는 일반열차로 여유롭게 돌아가는 일이 많다고 한다.* 도심으로 통근 시간이 1시간 반 걸린다면 이주라기보다는 이사라는 이미지에 가깝다.

> "집 근처 역 주변에 스타벅스와 돈키호테(대형 잡화점) 등 없는 게 없어요. 예전에 살던 곳보다 더 도시적이에요. 역 앞을 조금 벗어나면 자연환경도 아름답고 신선한 생선도 먹을 수 있어요."

체인점 일변도인 도쿄와 달리 작고 다양한 음식점도 많다. 그런 가게에 혼자 한잔 마시러 가는 것이 낙이라고 한다.

매월 한 번 출근하는 정도라면 주위의 동료들도 부러워하면서 이주하고 싶어 하지 않냐고 했더니 꼭 그렇지는 않다고 한다.

> "회사에서는 '오다와라 촌놈이 왔다'라고 농담하곤 해요. 이주

---

*교통비 지급 기준이 일반열차의 승차권을 기준으로 한 실비 지급이어서 정기권 승차표는 지급 대상에 포함되지 않는 경우를 말한다. (역주)

하고 싶다는 사람은 많지만. 집 계약이 만료되면 알아볼까 하면서 이주지원금 정보나 찾고 있는 정도예요. 이사 비용, 더 넓은 집에 맞춘 가구 구입, 경우에 따라서는 차도 사야 하니까 아무래도 큰일이잖아요."

정부는 2020년 5-6월까지 '코로나 감염 환경에서의 생활의식·행동변화 조사'를 실시했다. 지방권의 원격근무 실시율은 26%, 도쿄 23구는 55.5%였다. 젊은 세대를 중심으로 지방이주에 관심이 높아져 수도권에 거주하는 20대의 35.4%가 "지방이주에 관심이 높아졌다/조금 높아졌다"라고 답했다.

"자신은 너무 빨리 움직였다"라고 자조하는 히라사와지만 정부는 2021년부터 이주지원금 대상에 원격근무자도 추가한다. (제2장에서 자세히 소개한다) IT 관련 기업에서 일하는 잠재적 이주 검토자라면 100만 엔의 지원금(독신은 60만 엔)은 큰 매력일 것이다.

원격근무를 할 방이 없다

집에서 제일 가까운 도쿄의 지하철역에서 나오면 달이 보이지 않았다. IT 벤처기업에서 홍보 담당을 하는 이시바시 미나코(石橋みなこ, 가명, 33세)는 도쿄에서 월세 10만 6,000엔의 작은 임대맨션에 산다. 2개월 만에 집에 들어와서 침대와 책상, 소파가 있는 방을 보고 맥이 빠졌다. 앉을 자리라고는 침대와 소파밖에 없었다.

8층이어서 경치가 마음에 들었는데 바로 옆에 또 다른 맨션이 들어서서 창을 열 엄두도 나지 않았다.

'여기에서 더 이상 사는 것은 무리다.'

이시바시는 2020년 4월 긴급사태선언으로 회사가 원격근무를 채택하자 시즈오카현에 있는 남자친구 집으로 옮겼다. 역에서 도보로 15분 거리였는데 주차장 포함 월세는 6만 5,000엔이었고, 지금 이시바시가 사는 집의 두 배 크기였다.

남자친구도 도쿄에 살았지만 2019년 봄에 미시마시로 이사하여 신칸센으로 도쿄에 출근한다. 아웃도어가 취미여서 짐이 많았다. 도쿄에서 그에 걸맞는 넓은 집을 구하려면 월세가 20만 엔 가까이 든다.

그래서 회사에서 교통비 전액을 지원해주지 않더라도 월세가 싸고 자연환경이 좋은 미시마시로 이사하기로 했다. 신칸센 통근 때문에 월 5만 엔 정도가 들었지만, 도쿄의 월세와 비교해보면 생활비도 적게 들고 만원전차를 탈 필요도 없으니 이득이라고 판단한 것이다.

코로나를 계기로 그렇게 갑자기 동거를 시작했다. 그의 집에서는 후지산이 보였다. 둘이 산책하면 그가 "오늘은 보름달이네"라며 하늘을 보았다. 이시바시는 그동안 자신이 달의 모양이 변하는 것도 모르고 살았음을 새삼 깨달았다.

미시마 생활을 마치고 돌아와서 본 도쿄의 자기 집은 정말 좁게 느껴졌다. 침대와 책상이 붙어있어서 원격근무용 가구를 들여놓을

공간도 없다.

코로나 전의 일하는 방식으로는 돌아가지 못한다

이시바시는 후쿠오카 출신으로 대학 진학과 동시에 도쿄로 왔다. 대학 시절에는 가마쿠라에서 도쿄로 통학했다. 코로나가 아니더라도 타이밍이 맞으면 바다와 가까운 곳에 살고 싶다고 생각하고 있었다. 바다 접근성이 좋은 남자친구 집으로 이사하려고 한 배경에는 그런 사정도 있다.

2020년 7월, 이시바시는 도쿄의 집을 정리하고 미시마시로 이주했다.

> "이주를 결심할 때는 긴급사태선언이 해제되고 감염 확대가 잠 잠해지는 시기였는데 이주할 때는 다시 감염자가 늘었어요. 상황이 그렇다 보니 도쿄에서 이주한 나를 지방에서 어떻게 생각할지 걱정되더라고요. 그래도 전에 두 달간 그와 동거하면서 주위에 아는 사람이 생겼는데, 그분들이 따뜻하게 맞아주어서 다행이라고 생각했어요."

이시바시가 이주를 결정한 가장 큰 이유는 백신이 개발되더라도 이제는 전처럼 매일 출근하는 생활로는 돌아가지 못할 것 같다고 확신했기 때문이다.

"완전원격근무제가 되면서 사무실에서 서로 보면서 일하는 게 아니기 때문에 안 보일수록 더욱 성과를 내야 한다는 압박감에 초조했어요. 하지만 적응되면 원격으로도 일을 잘할 수 있을 것 같아요.

최첨단 인터넷 기술을 이용한 서비스를 취급하는 회사이기 때문에 코로나가 끝나도 다시 코로나 이전의 일하는 방식으로 돌아가지는 않을 것도 같았고요."

이시바시가 근무하는 IT 벤처기업 씽킹스(Thinkings)는 클라우드에서 신입·경력 채용관리를 할 수 있는 채용관리 시스템 'SONAR ATS'를 주축으로 사업을 전개하고 있다.

코로나로 온라인 채용 서비스가 확대되면서 온라인 면접 툴 'harutaka'와 '인터뷰 메이커' 등이 인기를 끌고 있다. 이러한 새로운 서비스 툴을 자사의 채용관리 시스템에 접목하려는 수요도 늘고 있다. 이시바시의 회사에서도 2020년에 네 명을 채용했는데 그중에 한 명은 완전 원격방식으로 채용했다.

이시바시는 홍보 담당이라 보도자료 작성, 미디어 대응, 사내 블로그 관리, 홍보 기획 등을 하지만 영업직도 원격근무가 가능하다고 한다.

"비즈니스 자체가 온라인 기반이어서 코로나 이전부터 온라인 영업 시스템 벨페이스(bell-face)를 이용해서 비대면 영업을 했어요."

작은 쇼핑센터로 충분

취재하던 2020년 12월에 이시바시는 주 2회 정도 출근하고 있었다.

"사무실 내에 밀집되지 않게 상주 인원을 조정하면서 전 사원이 주 1-2회 출근해요. 화상회의가 가능한 클라우드 서비스 팀즈 (Teams)를 이용하고 있어 글로 나누는 잡담은 없어요. 화이트보드에 써가면서 아이디어 회의를 할 때는 관계자와 시간을 맞춰 출근합니다."

신칸센을 타면 도쿄까지 급행 37분, 완행 44분이면 도착한다.

"주 5일 출근해도 왕복 요금은 월 10만엔 정도예요. 회사의 교통비 지원 상한이 3만 엔이니까 7만 엔을 내가 부담하죠. 그래도 월세를 생각하면 자연환경도 좋고 집도 넓은 이곳에서 출근하는 게 훨씬 나아요."

도쿄의 원룸 정도의 크기는 미시마에서는 월세 4만 엔 정도라고 한다. 미시마의 집이 역 근처는 아니지만 역 앞에 강이 흘러서 정말 기분이 좋다고 한다.

후지산 남쪽 기슭에 있는 미시마시는 후지산의 용출수가 유명해 '물의 고향'이라고 불리며, 시내 중심을 흐르는 강에는 산책할 수 있

이시바시

는 징검다리가 있어서 시민과 관광객이 많이 찾는다.

이시바시는 당분간 도쿄에서는 살고 싶지 않다고 말한다.

"쇼핑을 좋아해서 긴자 같은 곳을 자주 갔는데 이제는 소비 욕구가 없어졌어요. 이 근처의 작은 쇼핑센터로 충분합니다. 그 대신 남자친구와 호수에서 서핑을 하고 캠핑도 가는 등 자연과 접하는 기회가 많아져 마음이 풍요로워지는 느낌입니다."

도쿄에 살 때는 주방이 좁아서 슈퍼에서 도시락을 사 와서 먹든지 외식으로 해결하는 일이 많았는데, 이주한 후에는 주변에 음식점이 많아도 집에서 요리하는 일이 많아졌다고 한다. 지역에 산지 채

소 직판장도 있어서 계절마다 바뀌는 재료로 요리하는 게 즐겁다고
한다.

영업 현장도 온라인화

코로나로 원격근무가 늘면서 온라인 화상회의 서비스 줌(Zoom)
을 이용하게 된 사람들이 많아졌을 것이다. 대면 취재를 원칙으로
하는 나도 코로나 환경에서는 줌을 통해 취재하는 일이 많아졌다.
이 책에서의 취재도 줌을 이용한 것이 많다.

다만 일본의 영업직은 전화, 이메일, 화상회의를 이용한 인사이드
상담(inside sales) 도입률이 낮아서 지금도 직접 뛰거나 전화로 영업
하는 등 대면 영업이 일반적이다. 그러나 코로나 확산으로 인해 영
업 현장도 바뀌고 있다.

앞서 소개한 이시바시가 말한 것처럼 줌뿐만 아니라 원격근무를
위한 서비스들이 확대되어 코로나 이전의 사회로 돌아가는 일은 없
을 것 같은 분위기가 되었다.

2015년에 창업한 벨페이스는 영업 전문 온라인 서비스 '벨페이스'
를 제공한다. 쌍방이 자유롭게 자료를 조작할 수 있고 프레젠테이
션, 대화 기록 기능 등을 갖춘 서비스다. 녹화·녹음 기능도 있어 선
배 사원의 영업 노하우를 사내에서 공유하며 신입 사원의 교육에도
활용할 수 있다.

2020년 1월을 기준으로 벨페이스 서비스를 도입한 기업은 1,654

개였지만 3월에는 문의가 1,000건을 넘더니 12월에는 3,000개 기업이 도입했다.

벨페이스의 임원 니시야마 나오키(西山直樹, 37세)는 창업 당시를 이렇게 회상한다.

"일본에서는 아직 직접 발로 뛰는 대면 영업이 주류여서 처음에
는 상대해주지도 않았어요. 주로 IT기업을 중심으로 도입하는 정
도였죠."

그런데 코로나가 확산하면서 이제까지 꿈쩍 않던 업계까지 인사이드 세일즈에 관심이 높아지고 있다.

"예전에는 전혀 관심이 없던 제조업계에서도 문의해요. 코로나
때문에 가장 수요가 늘어난 곳은 부동산업계와 금융업계입니다.
외출을 자제하는 고객에게 영업해야 하니까요."

(이주보다) 일단 홋카이도의 땅을 사자

벨페이스의 사원 시미즈 다카히로(清水貴裕, 34세)는 2020년 12월 홋카이도 히가시카와(東川町)로 이주했다. 기획실장으로 상품개발 등을 하고 있는데 2019년 4월 벨페이스로 이직하기 전에는 벤처기업의 COO로 쉴 새 없이 일했다.

삶의 방식에 의문을 품게 된 것은 이전 직장에서였다.

"매일 아침부터 밤늦게까지 일하고 아이들의 자는 얼굴만 보고 살았어요. 가족과 보내는 시간을 늘리고 싶어서 원격근무를 하고 싶었지만, 당시에는 컨설팅 관련 사업을 했기 때문에 어려웠어요. 중요한 상담은 상대방도 임원이 나오기 때문에 대면이 기본이어서 원격근무를 할 수 없었죠."

그래도 새로운 삶의 방식을 찾고 있었다. 가족과 보내는 시간이 적은 도쿄에서 아이를 키우는 것에 위기감을 느꼈기 때문이다.

"도쿄에서는 모르는 사람에게 말을 걸면 안 된다고 하는데, 그래도 사람을 만나면 '안녕하세요?'라고 하는 게 일반적인 것 아닌가요? 그런 게 가능한 마을에서 아이를 기르고 싶었습니다."

말하자면 시미즈가 말한 '새로운 삶의 방식'은 이런 것이다.

"지방에 살면서 수도권에서처럼 열심히 일한다."

이전 직장에 다닐 때 가족들과 의논하면서 2018년에 바로 이주하진 않더라도 언젠가는 이주하자고 결정했다. 그리고 이주상담기관에서 상담하고 이주 이벤트에도 참여했다.

이주지의 조건은 4개였다.

첫째, 자연환경이 풍요로울 것. 둘째, 공항이 가까울 것. 지방에서 일하더라도 일 때문에 도쿄에 갈 수 있으니까. 셋째, 인구가 줄었다가 늘고 있는 마을. 급성장하는 벤처기업처럼 활력 있는 마을이 좋다. 마지막으로는 아동 교육을 위해 노력하고 외국인이 많은 마을. 다양한 가치관과 문화가 있는 마을에서 아이를 키우고 싶었다.

히가시카와는 홋카이도 거의 중앙에 위치하며 일본 최대의 자연공원 다이세쓰산국립공원 내의 풍요로운 자연환경 속에 있다. 인구는 1만 명이 넘지 않지만, 이주자를 적극적으로 받아들여 제4장에 소개할 지역부흥협력대 수용 규모가 전국 1위다(2018년 기준).

또한 트레킹과 백컨트리 스키를 하러 외국인 관광객이 많이 찾는 곳이다. 2015년 국내 최초 공립일본어학교를 개교하여 외국인 유학생을 적극적으로 받아들이고 있다. 시미즈에 의하면 "마을 식당에 가면 외국인 한 명 정도는 꼭 보는 분위기"라고 한다.

실제로 언제 이주할 수 있을지 몰랐지만, 시미즈는 '여기밖에 없다'고 생각했다. 도쿄에서는 도저히 살 수 없는 넓은 토지를 불과 평당 5만 엔 이하의 가격으로 샀다. 아사히카와공항까지 차로 10분 정도 걸리고, 도쿄까지 약 3시간 정도면 도착할 수 있다. 모든 조건이 맞아떨어지는 곳이었다.

원격근무로 일의 정확성이 높아졌다

땅은 샀지만, 이주까지는 못 했던 시미즈에게 벨페이스로의 이직은 전환의 계기가 되었다. 시미즈가 이루고 싶은 새로운 삶의 방식을 구현할 수 있는 서비스를 개발하는 회사였기 때문에 이주 가능성은 좀 더 높아졌다.

입사 후에도 계속 출퇴근은 했지만, 원격근무 비율은 40-50% 정도 되었고 그 무렵 코로나 확산이 시작되었다. 긴급사태선언 발령후에는 전 사원이 모두 원격근무를 했다.

"모두 원격근무를 했지만 일의 생산성에 전혀 지장 없이 착실히 일했어요. 옆에서 일하고 있으면 그냥 지시하고 끝이지만 원격근무를 하다 보니 보다 더 자세히 일을 지시해야 해서 정확도가 오히려 더 높아졌죠."

직원 전원의 원격근무가 가능하다는 확신을 갖게 된 5월 말 시미즈는 홋카이도에 구입한 땅에 이층집을 짓기 시작했고 12월에 이주했다. 이주한 후에도 매월 한두 번은 도쿄에 갈 예정이다.

"매일 보는 것보다 가끔 보는 것이 좀 더 집약적이고 팀워크에도 좋아요. 이런 시대가 올 거라고 상상했습니다.
도쿄에서 일할 때는 모두 아침부터 밤까지 만원전차, 노동시간, 급여 등 뭔가 참고 사는 사람처럼 보였어요. 앞으로는 회사가 노동자에 맞추는 시대가 될 겁니다. 그렇게 하지 않는다면 기업도 사람을 채용할 수 없을 겁니다. 나는 새로운 삶의 방식의 롤모델이 되고 싶어요."

코로나 전으로 돌아가려면 4, 5년 걸린다

히라사와, 이시바시, 시미즈가 일하는 IT기업은 원격근무에 빨리 대응하는 회사였기에 이들이 이주를 신속하게 결단할 수 있었을지도 모르지만, 꼭 그런 것만은 아니다. 다른 업계에서도 젊은 경영인이 리더인 벤처기업에서는 원격근무를 도입한다.

반면 아직도 발로 뛰는 성의를 보여야 하는 구시대의 회사와 건설, 제조업, 요양보호 분야 등에서는 원격근무로 할 수 없는 일들이 많다.

스스로 구시대의 대기업에서 일한다고 투덜거리는 어느 간부는 이렇게 푸념했다.

"긴급사태선언 발령이 났을 때, '앞으로는 원격근무'라며 60대 사장이 일부 사무실 임대계약을 해약하고 새로운 시대에 대응하려는 것처럼 움직였습니다.

그러나 실적이 떨어지니까 실적을 채근했고, 긴급사태선언이 해제되자마자 바로 모든 영업사원을 주 5일 근무하게 하더군요. 코

로나 후에 일부 사무실을 해약했기 때문에 결국 코로나 이전보다
더 좁아터진 사무실에서 일하게 되었습니다."

2021년 2월 17일, 의료종사자에 대한 코로나 백신 우선 접종이 시작됐다. 전국 100개 의료기관의 4만 명이 백신 접종을 하고 그중 2만 명은 부작용 조사도 한다. 4월 이후에는 고령자 등을 우선하여 일반에도 백신 접종을 확대한다.

백신 접종이라는 희망이 보이지만 제약기업 다이이치산쿄와 백신 개발에 참여한 도쿄대학 의과학연구소 이시이 겐(石井健) 교수(백신학)는 일본기자클럽 강연에서 다음과 같이 말했다.

"감염자가 나타나지 않는 등 사회적으로 효과를 실감하게 될 때까지는 빨라도 4, 5년은 걸리므로 지금의 생활 스타일이 당분간 지속될 것 같습니다." (《교토통신》, 2020년 12월 26일)

일하는 방식에 대해 많은 기업이 아직 상황을 지켜보는 중이다.

맞벌이로 아이 두 명 기르기는 어렵다

도쿄의 큰 교육서비스 회사에 근무하는 다자와 겐이치(田沢健一, 가명, 36세)는 2020년 6월 군마현 다카자키시(高崎市)로 이주했다. 일주일에 두 번은 원격근무가 가능하지만 남은 사흘은 출근해야 한다.

다자와가 이주를 생각한 계기는 2019년 11월 아내가 둘째를 임신했기 때문이었다.

"맞벌이 부부인데 탁아소와 어린이집을 풀로 활용해도 아이 하나 키우기도 벅차요. 아이가 둘이 되면 더 힘들어질 테니 아내와 본가에서 가까운 곳에 살아야겠다고 의논했었죠. 그래도 아이가 태어나면 그때 다시 생각하자는 느낌이었고 구체적으로 집을 구하러 다니지는 않았어요."

그러한 상황에서 코로나가 확산했다. 긴급사태선언 발령 전에 임신 중인 아내와 아이는 군마현의 처가로 피신했다. 확실한 정보가 없는 상황속에서 임산부에게 영향이 있으면 안 된다고 생각했기 때문이다.

"3월 말에 이주를 염두에 두고 처가 주변과 도쿄 접근성이 좋은 다카자키 지역 주변의 집들을 찾아다녔어요. 긴급사태선언이 발령되면서 회사도 원격근무를 하게 되어 본격적으로 이주지를 찾아다녔지요."

30개 정도의 집을 둘러보고 최종적으로는 마에바시시에서 가까운 다카자키시에서 괜찮은 집을 발견했다. 35년 된 오래된 집이지만 리모델링 되어있고 최신 수도시설도 갖춘 집이었다. 단독주택에 월세는 9만 5,000엔이고, 차 3대를 댈 수 있는 주차 공간도 있었다. 원격근무를 할 수 있는 서재도 만들 수 있었고, 아이 둘을 키우기에도 좁지 않은 크기였다.

"아이의 교육환경도 이주의 중요 포인트였습니다. 다카자키시 주변은 전근족*도 많고 영어 교육에 힘쓰는 공립학교가 도쿄와 비슷한 수준의 교육을 하고 있다고 들었습니다."

보육료가 1만 5,000엔 올랐다

2020년 8월에 둘째가 태어났다. 긴급사태선언 해제 후에는 도쿄에 3일 출근하는 새로운 생활이 시작되었다. 새로 빌린 집은 역까지 걸어서 15분 정도로 도쿄 회사까지 2시간 정도 걸렸다. 도심으로 향하는 기차는 다카자키 출발이 많아서 앉아서 갈 수 있고 지정석을 예약하면 집중하며 일할 수도 있다.

그래도 출퇴근에 4시간을 쓰는 것이 아까워서 새로운 통근 방법을 생각했다. 회사에서 지급하는 교통비 약 4만 5,000엔으로 정기권을 구매하지 않고, 출근하는 3일간 도쿄에서 지내는 것이다. 집에 덜 가는 대신 남은 교통비로 도쿄에서 호텔 생활을 하는 것이다.

---

*근무지가 자주 바뀌는 직장인과 그 가족. (역주)

"도쿄에서 2박 3일을 지내고 일이 끝나면 동창생이나 지인을 만나는 기회가 늘었습니다."

다자와는 교육서비스 회사에서 주로 교재 개발하는 일을 한다. 회사 밖의 사람과 정보를 교환하면서 완전 원격근무를 할 수 있는 새로운 기회를 찾고 있다.

이주하기 전에는 도쿄의 아파트에 살았다. 월세 16만 5,000엔으로 크기는 지금 사는 집의 절반이었다. 사는 곳은 2배 정도 커졌지만, 전체적인 생활비는 그리 달라지지 않았다고 한다.

"보육료가 도쿄에 비해 1만 5,000엔 올랐고 회사에서 지급되는 주택수당도 2만 엔에서 1만 엔으로 떨어졌습니다. 처음에는 공유차 서비스를 이용했지만 쓰고 싶을 때 바로 쓸 수 있는 것도 아니고 매번 베이비시트를 장착하는 것도 귀찮아서 차를 샀습니다. 그 유지비와 보험료 등을 생각하면 생활비는 도쿄에 살던 때와 거의 같습니다."

그렇지만 차를 타고 조금만 벗어나면 전원 풍경이 펼쳐지는 다카자키시의 생활에 가족 모두 만족하고 있다. 다자와는 완전 원격근무를 하게 되면 역 앞이 아니라 눈이 많이 내리는 산간 지역으로 이사하고 싶다는 포부를 밝혔다.

제2장

코로나 때문에
어디로 이주하는가

이주희망자 창구, 귀향지원센터

도쿄 유라쿠정역 앞 도쿄교통회관 8층의 귀향지원센터*(ふるさと 回帰支援センター, 이하 지원센터)는 일본 최대의 이주상담센터다. 특정비영리활동법인 '100만인의 고향회귀·순환운동추진·지원센터'가 운영하며, 간사이에서는 '오사카 고향살기 정보센터'가 이주상담을 한다.

2002년 11월 전국의 소비자 단체, 노동조합, 농림어업단체, 경영단체, 민간단체 그리고 지역 유지 등이 모여 지원센터를 설립했고, 2005년부터 본격적인 이주상담 업무를 시작했다.

'도시인들이 농산어촌에 신규 영농·취업 혹은 일시 체류나 이주하

---

*https://www.furusatokaiki.net (역주)

시기별 이주희망지역 순위

구분	2010년	2011년	2012년	2013년	2014년
1위	후쿠시마현	나가노현	나가노현	나가노현	야마나시현
2위	나가노현	후쿠시마현	오카야마현	야마나시현	나가노현
3위	지바현	지바현	후쿠시마현	오카야마현	오카야마현
4위	이와테현	이바라키현	가가와현	후쿠시마현	후쿠시마현
5위	야마가타현	이와테현	지바현	구마모토현	니가타현
6위	이바라키현	오이타현	시마네현	고치현	구마모토현
7위	미야기현	도야마현	오이타현	도야마현	시즈오카현
8위	야마나시현	구마모토현	돗토리현	군마현	시마네현
9위	시즈오카현	아키타현	미야자키현	가가와현	도야마현
10위	미야자키현	미야자키현	와카야마현	가고시마현	가가와현

구분	2015년	2016년	2017년	2018년	2019년
1위	나가노현	야마나시현	나가노현	나가노현	나가노현
2위	야마나시현	나가노현	야마나시현	시즈오카현	히로시마현
3위	시마네현	시즈오카현	시즈오카현	홋카이도	시즈오카현
4위	시즈오카현	히로시마현	히로시마현	야마나시현	홋카이도
5위	오카야마현	후쿠오카현	니가타현	니가타현	야마나시현
6위	히로시마현	오카야마현	후쿠오카현	히로시마현	후쿠오카현
7위	고치현	오이타현	오카야마현	후쿠오카현	니가타현
8위	아키타현	니가타현	후쿠시마현	도야마현	사가현
9위	오이타현	나가사키현	미야자키현	미야자키현	고치현
10위	미야자키현	미야자키현	도야마현	후쿠시마현 사가현 오이타현	에히메현

*출처: 귀향지원센터

는 데 필요한 정보 제공, 지원에 관한 제반 사업을 하고 지역의 진흥·발전과 순환형 생활문화를 추진하며 환경보호를 계획하고 국토균형발전 및 국민생활 향상에 기여하는 것'을 목적으로 한다(법인 정관에서). 이주상담 업무 중심으로 시골살이·이주 세미나 개최(2020년 349회 개최), 정보지(100만인의 고향) 발행 등을 한다.

지원센터에는 41개 도도부현 2개 시의 상담창구가 설치되어 있고 (2020년 10월 1일 기준), 각 지자체에서 파견한 상담원이 이주희망자를 상담한다. 자료도 풍부해서 이주희망자들에게는 매우 이용 가치가 높은 시설이다. 이 책의 취재 과정에서 만난 32명의 이주자도 대부분 어떤 형태로든 이 지원센터를 이용하고 있었다.

세미나실과 사무실을 제외한 나머지 공간에 지자체별 부스가 있다. 이주지로 인기 있는 지자체 부스에는 언제나 사람들이 붐빈다.

운영법인은 상담 방문자와 세미나 참가자를 대상으로 이주희망지를 조사하여 발표한다. 2019년까지 상위 지역은 늘 같았지만, 코로나로 인해 그 순위도 변하고 있다.

이주상담의 70%는 40대 이하

2020년 11월 운영법인의 다카하시 히로시 이사장을 만났다. 다카하시 이사장은 일본자치단체노동자조합(자치노)* 출신으로서

---

*일본자치단체노동자조합은 지자체 공무원이 아니라 지자체 노동자들이 조합원으로서 복지·의료 관련 민간 노동자, 임시·비상근 직원으로 구성되어 있다.

2002년 지원센터 설립부터 사무국장으로 활동하다가 2017년에 이사장에 취임했다.

코로나 확산 때문에 높아진 이주 열기에 관해 이사장은 우선 코로나 이전의 상황을 언급했다.

"한때는 일을 찾아서 지방에서 도쿄로 흘러들었지만, 지금은 전체 직장인의 40%가 비정규직인 불안정한 노동구조입니다. 2008년 리먼 쇼크 이후부터 고령자 중심의 이주가 아니라 현역 직장인 중심의 이주가 진행되기 시작했습니다.

센터 이용자는 2008년 70%가 50대 이상이었지만, 2017년에는 역전되어 40대 이하가 70%를 차지하고 있습니다."

그런 추세에 따라 이주희망지역 순위도 변했다.

"직장인들은 노후 준비를 위해 이주하는 것이 아니기 때문에 일자리가 필요합니다. 자연히 고령자가 선호하는 경치 좋은 시골이 아니라 지방도시를 선호하게 되는 겁니다.

무슨 일이 생기면 바로 도쿄로 갈 수 있는 나가노현, 야마나시현, 시즈오카현, 혹은 일반적인 이주희망지로 평가되지 않았던 대도시권의 히로시마현 등이 순위에 오르는 상황입니다."

지원센터가 2019년 실시한 방문자 6,352명 대상의 조사에 의하

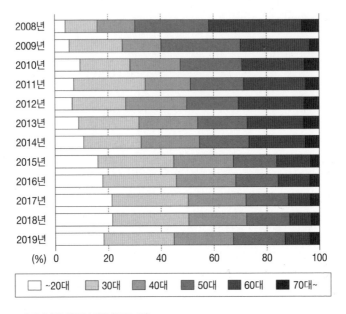

귀향지원센터의 연도별 이용자 연령

2008년
2009년
2010년
2011년
2012년
2013년
2014년
2015년
2016년
2017년
2018년
2019년

(%) 0   20   40   60   80   100

□ ~20대 ▨ 30대 ▨ 40대 ▨ 50대 ▨ 60대 ■ 70대~

＊출처: 「귀향지원센터 현황」(2020. 10.)

면 이주지 선택 조건(복수 응답)은 일할 장소(63%), 좋은 자연환경 (31.9%), 주거지(24.6%), 교통(16.3%), 기후(16.3%) 순으로 나타 났다.

코로나로 이주상담이 증가한 지역 1위는 이바라키현

직장인 중심의 이주가 진행되면서 그들이 가장 걱정하는 '일할 장소' 문제는 원격근무로 어느 정도 해결되는 것 같다. 원격근무로 인해 코로나 이주가 촉진되는 것이다.

고이케 유리코 도쿄도지사는 2020년 3월 25일 도청에서 긴급기자회견을 열고 외출 자제를 요청했다. 4월 7일, 정부는 7개 도도부현을 대상으로 긴급사태선언을 발령했다.

지원센터도 4월 9일부터 6월 1일까지 임시 휴관했다. 세미나 등의 이벤트는 중지되고 전화와 이메일로 이주상담을 했다. 당연히 2019년에 비해 전체 상담 건수는 줄었지만 이메일, 전화 상담, 홈페이지 방문자 수는 늘었다.

다카하시 이사장도 이런 높은 열기를 체감한다.

"이제까지 이주를 생각만 하던 사람들이 이제 본격적으로 실행할 것 같은 느낌이 들어요. 이메일과 전화로 상담하지만, 진정성의 강도가 더 높아진 것 같아요. 이제 코로나 전의 상황으로는 돌아가지 않겠지요. 코로나로 인해 사는 법과 일하는 법에 대해 진지하게 자각하게 된 것 같습니다."

흥미로운 것은 코로나로 인해 이주 인기 지역이 변했다는 사실이다. 다카하시 이사장은 지역별 이주상담 규모 변화에 주목한다.

"부모가 재택근무하고 아이들도 온라인 수업을 받는다면 값비싼 도쿄의 집이 답답하겠죠. 매일 출근할 필요가 없어지니까 도쿄에서 조금 멀더라도 큰 집에서 살고 싶어진 겁니다. 도쿄로의 접근성을 중심으로 100-200㎞ 거리의 지방도시들이 인기가 높아요."

지역별 상담 건수에서도 인기 차이가 난다. 2020년 6-9월까지 진행된 지역별 전화·이메일 상담 수를 보면 2019년보다 많이 증가한 곳은 도쿄 인근의 이바라키현(2배), 가나가와현(1.6배), 군마현(1.5배), 야마나시현(1.8배) 등이다. 또한 오사카부 인근의 와카야마현이 전년 대비 1.5배, 아이치현 인근의 기후현과 미에현도 전년 대비 1.5배 늘었다.

민간조사회사 브랜드총합연구소가 매년 발표하는 지역 매력도 순위는 전국적으로 큰 주목을 받았다. 2020년 10월 14일 발표한 최신 조사에서는 7년 연속 최하위였던 이바라키현이 하위에서 벗어났다.

"앞으로 유효한 백신이 개발되어 코로나가 바로 수습될 가능성도 있겠죠. 그래도 이제는 일자리는 도쿄, 오사카, 나고야 같은 대도시에 두고 통근권 내의 이주지를 찾는 경향이 더 강해지고 있습니다." (다카하시 이사장)

지역별 매력도 순위

( ) 안은 전년 순위

순위		지역	점수	순위		지역	점수
1	(1)	홋카이도	60.8	26	(24)	도야마현	17.1
2	(4)	교토부	49.9	27	(23)	야마나시현	16.9
3	(4)	오키나와	44.1	28	(29)	니가타현	16.6
4	(3)	도쿄도	36.4		(34)	와카야마현	16.6
5	(5)	가나가와현	34.7	30	(32)	시마네현	16.2
6	(6)	오사카부	31.9	31	(25)	미에현	15.8
7	(7)	나라현	30.6	32	(37)	야마구치현	15.5
8	(10)	나가노현	30.5	33	(25)	후쿠시마현	15.4
9	(8)	후쿠오카현	29.6		(39)	오카야마현	15.4
10	(9)	이시카와현	29.2	35	(30)	이와테현	15.2
11	(11)	나가사키현	25.9	36	(35)	고치현	15.0
12	(12)	효고현	23.7	37	(39)	시가현	14.3
13	(14)	미야기현	23.0	38	(41)	사이타마현	14.1
14	(13)	시즈오카현	21.9	39	(27)	야마가타현	13.9
	(20)	아오모리현	21.9	40	(41)	돗토리현	13.4
16	(16)	아이치현	21.6		(45)	군마현	13.4
17	(19)	가고시마현	21.2	42	(36)	기후현	13.1
18	(15)	히로시마현	20.2		(47)	이바라키현	13.1
	(17)	구마모토현	20.2	44	(37)	후쿠이현	13.0
20	(21)	아키타현	20.0	45	(46)	시가현	12.5
21	(18)	지바현	19.6	46	(44)	도쿠시마현	12.1
22	(28)	미야자키현	18.6	47	(43)	도치기현	11.4
23	(22)	오이타현	18.4				
24	(30)	에히메현	17.8				
	(33)	가가와현	17.8				

＊출처: 브랜드총합연구소.
「도도부현 매력도 순위 2020」.

제1장에서 코로나 이주자의 증언을 소개했지만, 세키가미를 제외한 코로나 이주자들은 비싼 집세와 만원전차 등 도쿄의 고비용 생활을 '버리고 싶다'고 말했다. 그러나 그 이면에는 수입 원천으로서 도쿄를 '버릴 수 없는' 사정이 교차하고 있다.

이주라기보다는 이사

2019년보다 두 배 이상 이주상담을 받은 이바라키현 부스를 방문했다. 이주상담원은 인기 원인을 이렇게 분석했다.

> "이바라키현 내에서도 쓰쿠바시 등 현 남쪽 지역으로의 이주상담이 많은데 도쿄와 가까워서 그런 것 같아요. 바다와 산이 있는 한적한 환경을 갖추고 있으면서 1-3시간이면 수도권으로 갈 수 있으니까요.
> 상담자들은, '도쿄와 수도권에서 생긴 인연을 끊고 싶지 않다', '무슨 일이 생기면 바로 도쿄에 갈 수 있는 가까운 장소를 찾고 있다', '매일 회사에 갈 필요가 없어졌다'고 말합니다."

그렇듯 코로나 전에는 들을 수 없었던 의견을 듣게 된 것이다. 이바라키현에서도 국립 쓰쿠바대학이 있고 교육환경이 정돈된 쓰쿠바시가 압도적으로 인기가 높고, 도쿄와 쓰쿠바역을 잇는 철도 노선 쓰쿠바 익스프레스 지선에 있는 모리야시도 인기다. 쓰쿠바 익스프

레스 쾌속으로는 도쿄에서 쓰쿠바까지 40분 걸린다. 또한 JR 재래선 쾌속으로 도쿄까지 40분 걸리는 도리테시도 주목받고 있다.

> "확실히 라이프스타일을 바꾸는 패턴이라기보다는 이사에 가까운 느낌이에요." (이주상담원)

지원센터에서는 압도적으로 인기 높은 쓰쿠바시지만 역시 인구 20만 명 이상인 중핵도시에 가는 것이기 때문에 '이주'라고 말하기는 힘들다. 게다가 쓰쿠바시는 코로나 때문에 주목받게 되었다는 사실도 모르고 있었다.

> "이주에 대한 특별한 지원책은 없습니다. 이주상담도 주 1회 정도입니다. 도심과 직결되는 교통 인프라가 있으면서 대도시보다 싸게 부동산을 구할 수 있으니까 이 지역에 주목하는 것 아닐까요." (쓰쿠바시 홍보 전략과 담당자)

지원센터에 있는 도쿄 인접 지역의 상담 부스들을 방문했는데 대체로 도쿄와 가깝거나 어느 정도 생활환경이 정비된 지방도시의 인기가 높았다. 가나가와현 오다와라시는 2019년에 비해 이주상담이 두 배가 늘었다.

> "신칸센이면 약 30분, 재래선으로도 약 1시간 정도면 대도시에

갈 수 있는 것이 인기 요인 같아요. 우리 시에는 바다와 산 등 풍부한 자연환경이 있고, 역 주변에 상업시설이 밀집해 있어요. 게다가 적당한 시골 느낌이 도시인에게 매력적으로 어필하는 것 같아요." [다카하시 료스케(高橋良輔) 오다와라시 홍보과]

나고야 인접 지역도 관심을 끌다

도쿄뿐만 아니라 나고야와 오사카 등의 대도시권 주변 지역에서도 코로나로 인한 이주 움직임이 활발하다.

기후현은 코로나의 영향으로 이주자를 대상으로 한 '청류의 고장 기후 이주지원 지원금'을 만들었다. 2020년 9월 1일부터 기후현에 이주하여 5년 이상 계속 거주할 의사가 있는 사람을 대상으로 1인 세대는 30만 엔, 2인 이상 세대는 50만 엔을 지급한다. 기후현 지역진흥과는 250건, 총지원액 1억 5천만 엔 정도의 이용자가 있을 것으로 기대한다.

기후현의 인구 유출은 멈추지 않아서 2019년 연간 전출자는 4만 7,746명으로 15년 연속 전입자 수를 웃돌고 있다. 그래서 코로나 이주 열기를 기후현으로 유도하려는 것이다.

2020년 10월 1일부터 신청 접수를 시작하여 11월 24일까지 약 150건의 문의가 있었고 71명이 신청했다.

"나고야로의 접근성이 좋은 기후시와 자연환경이 풍부한 다카야마시가 인기입니다. 이주 문의는 예년의 1.2배 이상 늘었고 이 제까지는 아이치현에 관한 상담이 많았지만 도쿄권의 상담도 늘 고 있어요. 기후현에서 일해야 한다는 것을 조건으로 제시했지만, 원격근무를 하며 이 지역 외의 회사에서 근무하는 것도 인정하고 있습니다." (시원금 담당자)

파소나 본사 이전으로 주목받는 아와지시마

서쪽으로 눈을 돌리면 내가 사는 아와지시마도 코로나 이주로 주 목받는 곳이다.

효고현 아와지국의 위탁으로 아와지살이 총합상담창구에서 이주 상담을 운영하는 비영리법인 '아와지FAN클럽'의 아카마쓰 기요코 (赤松清子) 전무대리는 이렇게 말한다.

"코로나 감염이 조금 진정된 2020년 9월, 10월은 예년의 1.5-2 배 이상 이주상담을 받고 있는데, 오사카와 효고현 상담자가 전 체의 약 60%이고, 간사이 지역 상담도 약 15%입니다.

아와지시마는 고대부터 헤이안 시대(平安時代)*까지 '미케쓰 쿠니'**로서 조정에 식자재를 올릴 정도로 바다·산·농지가 풍부

---

* 헤이안 시대는 794-1185년까지의 시대이다. (역주)
** 미케쓰쿠니(御食国)는 황실과 조정에 특산품을 진상하는 지역이다.

한 지역이고, 식량자급률은 100% 이상입니다."

풍부한 자연을 갖춘 매력적인 지방도시는 많지만, 아와지시마는 단지 '지방'이라는 말로는 다 담을 수 없는 많은 매력을 갖고 있다. 더 정확히 말하면 본사 기능을 옮긴다고 발표한 도쿄의 인재서비스 기업 파소나 그룹의 사무소가 있는─내가 살기도 하는─ 아와지시마 북부 아와지시의 매력이다.

그것은 '기적의 사회적 거리'라고 할 만한 도시와의 접근성이다. 고베까지 차로 40분 걸리고 오사카까지도 1시간 반이면 간다.

아와지시 최대의 히가시우라 버스터미널은 통근 통학 시간인 오전 7시대에는 1시간에 4대의 고속버스를 운행한다. 이 터미널에서 고베까지 편도 요금은 950엔이고, 1개월 정기권은 3만 9,900엔이다.

지방에서는 어쩔 수 없이 쇼핑과 외식의 선택지가 제한적이지만, 다리만 건너면 대도시 고베이고 그 중심지까지 평일 막차는 11시까지 있다. 고베 번화가에서 한잔하더라도 충분히 귀가할 수 있다.

통근 고속버스가 1시간에 17대

도시로의 접근성이 코로나 이주의 키워드인 것은 틀림없지만 꼭 기차로만 이동할 수 있는 것은 아니다. 코로나 전부터 '고속버스 통근'으로 수도권 거주자 유입에 성공한 지자체가 있다.

항공회사에 근무하는 다바타 신야(田端真也, 33세)와 부인 아야카

도심 출근자 행렬이 이어지는 터미널 풍경

(彩花, 32세)는 2017년 11월 도쿄에서 지바현 기사라즈시(木更津市)로 이주했다.

> "아이 키우기 좋은 육아환경을 찾고 있었어요. 기사라즈시는
> 세 살짜리 딸이 좋아하는 마더목장으로 가는 길목에 있고, 도쿄
> 보다 여유로운 느낌이 들어서 마음에 들었어요. 그렇게 알아보던
> 차에 고속버스가 많이 다니는 것을 알고 통근 문제도 해결할 수
> 있겠다고 생각했습니다." (아야카)

인구감소가 지속되던 기사라즈시였지만 1997년 가와사키시에서 도쿄만을 횡단하여 기사라즈시도 연결하는 고속도로 도쿄만 아쿠

아라인이 개통되어 도심으로 길이 열렸다. 2009년 통행요금이 800엔으로 내렸고, 2012년 미쓰이 아룻렛이 생겨서 수도권 방문자들도 늘었다.

수도권의 관심이 높아지면서 버스 노선과 운행 횟수도 늘었다. 도심에 1시간 안에 도착할 정도로 접근성이 좋아서 기사라즈시와 주변의 소데가우라시(袖ヶ浦市) 등에도 육아세대 이주자가 늘었다. 그 결과 기사라즈시에서는 2014년, 33년 만에 초등학교가 새롭게 개교했다.

기사라즈시 최대 버스터미널 지바 스타아쿠아 가네다에서는 아침 출근 시간인 7시대는 도쿄역행 버스가 1시간에 17대나 운행한다. 도쿄역뿐만 아니라 하네다, 시나가와, 신주쿠, 시부야로 가는 직행편도 있다.

기사라즈역에서 도쿄역까지 기차로 약 1시간 20분 걸리지만 버스로는 약 40분 걸린다. 편도 요금은 기차 1,340엔, 버스 1,300엔으로 고속버스가 싸다. 1개월 정기권은 4만 5,720엔이다. 신야의 근무지는 하네다공항 안에 있어서 고속버스로 20분 정도면 가기 때문에 쪽잠 잘 시간도 없다고 한다.

신야는 처음엔 부동산 구매에 부정적이었지만 앞으로 인구가 늘 지역이기 때문에 임대도 가능할 것으로 예상한다. 집을 사기로 하고 시내에 대지 57평, 건평 30평, 2층 주택을 2,850만 엔에 샀다. 이주하기 전에는 도쿄에 그 1/3 크기의 맨션에서 월세 12만 엔을 내고 살았는데, 지금은 매달 7만 엔의 대출이자를 내는 정도라서 부담도 줄었다.

시내의 부동산에서는 이렇게 말한다.

"코로나의 영향으로 도시 근접성이 높은 이 지역에 더욱 관심이 커지고 있습니다. 이전에는 지역주민 상담이 전체의 70%였지만, 2020년 4월부터는 30대 육아세대를 중심으로 수도권의 상담이 전체 70%에 달하며 상황이 역전되고 있습니다."

2020년 7월 대형 마트 코스트코도 문을 여는 등 수도권에서의 인구유입 때문에 상업시설이 늘며 더욱 주목받기 시작한다고 한다.

오사카에서는 실직을 계기로 이주

그저 코로나의 영향으로 저밀집 지방으로의 이주만 이어지고 있는 것은 아니다. 지금까지 본 것처럼 코로나 이주자의 대부분은 직장을 도쿄에 두고 기차와 차로 1시간-1시간 반 이내의 장소로 이동하는 '원격근무 이주'였다. 그러나 지역별로 원격근무 도입 정도가 다르고 수도권처럼 원격근무 이주자가 많은 곳은 별로 없기도 하다.

일본생명보험이 전국 5,563개 회사를 대상으로 실시한 닛세이 현황 조사에 의하면 직원 1,000명 이상 대기업의 원격근무 도입률은 67.3%인데 비해 직원 300명 이하의 중소기업은 21.3%에 불과했다. 원격근무를 도입하고 있다고 응답한 기업에서는 그 빈도가 주 평균

1일이 35.6%로 제일 많고, 2일이 28.6%였다.

주목할 만한 것은 근무지에 따라 원격근무 실시율이 크게 다르다는 것이다. 간토에 본사가 있는 기업의 41%가 원격근무를 실시한다고 응답한 반면 긴키 지역에서는 29% 정도였다. 전국 평균은 25%인데 최저는 도호쿠 지역으로 9%였다. 역시 코로나 이주는 도쿄권 중심으로만 이루어지는 것이다.

"코로나 확산 후부터 원격근무가 보급되면서 이주자가 늘었다는 말도 있지만 오사카에서는 그런 식의 이주는 거의 볼 수 없습니다. 오사카에서는 실직해서 이직을 계기로 이주를 생각하는 경우가 대부분입니다.

코로나와 이주를 꼭 묶어서 생각할 것이 아니라 코로나 때문에 이주하고 싶다는 사람들의 마음을 살펴볼 필요가 있고, 그 답으로 이주가 적절한 것인가에 대해서도 생각해볼 필요가 있습니다."

[야마구치 가쓰미(山口勝己) 오사카 고향살기 정보센터 소장]

평론가는 보다 도심으로

코로나 때문에 오히려 도심으로 이주하는 사람도 있다. 평론가이자 교수인 쓰네미 요헤이(常見陽平, 46세)는 2020년 7월 도쿄 구로다구에서 오타구로 이사했다. 집을 처분하려고 생각한 것은 2020년 초였지만 실제로 행동으로 옮긴 것은 긴급사태선언이 발령된 후였다.

근무지인 대학에서도 멀어지고 코로나로 지방이주의 관심이 고조되는 상황에서 왜 더 밀집된 도심으로 이사를 결심한 것일까.

그 계기는 육아 때문이었다. 쓰네미는 세 살짜리 딸이 있다. 이 책에서 언급한 코로나 이주자의 대부분이 육아 때문에 이주를 결심했다고 말했는데 쓰네미의 생각은 달랐다.

"자극과 평온함이 있는 장소에서 딸을 키우고 싶다고 생각한 것이 첫 번째 계기입니다. 예전에 살던 구로다구는 여전히 도쿄 변두리 풍경이 남아있는 좋은 장소였습니다. 그곳에서 좋은 아이로 키울 수도 있지만 좋은 사람이 되는 것만으로는 사회의 풍파를 헤쳐 나갈 수 없다는 생각도 합니다. 회사에서 어떤 역경에도 흔들리지 않는 강한 사람이 되면 좋겠다고 생각했죠. 유학 자녀나 TOEIC 고득점자 등에 밀리지 않을 수 있는 육아환경에 주안점을 두었습니다."

쓰네미가 예전에 살던 곳은 구로다구의 작고 오래된 저층 맨션이었다. 코로나 긴급사태선언이 해제된 후 부동산에 집을 내놓았고 생각보다 빨리 집이 팔렸다. 아이를 키우는 젊은 부부가 쓰네미가 처음에 구매할 당시보다 높은 가격에 집을 샀다.

지방의 학생에게도 기회가 있다

쓰네미는 수해 피해가 적은 고지대의 주택을 구매했다. 넓은 이층 집이고 주차장도 있다. 이사에 드는 중개수수료와 새로운 가구 구입비를 포함해 8,000만 엔 이상 들었다.

"아직 대출받을 수 있으니 사버리자고 결정했습니다. 작은 집에서는 원격근무가 어려웠지만 큰 집으로 이사하니 그런 문제들이 해결되었습니다."

코로나가 끝나면 일하는 방식은 극적으로 변화할까. 쓰네미는 회의적이다.

"원격근무를 장려하고 적극적으로 추진하는 것은 아직 의식 높은 일부 대기업에 한정된 이야기입니다. 직원들로서도 기자재가 있고 하고 싶은 말도 바로바로 할 수 있는 출퇴근 근무가 더 편하죠. 원격근무를 실시하는 IT기업들도 긴급사태선언 해제 후에는 출퇴근 근무로 돌아오는 경향이 나타나고 있습니다. 즉, 원격근무를 채택하느냐 마느냐가 아니라 어느 정도 조화로운 방향으로 변하지 않을까요?"

다만 대면으로 하는 일과 원격근무로 하는 일은 앞으로 명확히 갈

릴 것으로 전망한다. 원격으로 불가능한 요양 업무 등도 있기 때문
이다.

　　"지방의 학생은 이제까지 구직활동을 위한 숙박비 지출 등 도시
　　학생들에 비해 큰 부담을 안고 살아왔고 상대적으로 취업 기회도
　　적었던 것이 사실입니다. 그런데 2021년부터는 70%의 기업이 온
　　라인 채용을 실시하여 그 부담이 줄어든 면도 있지요."

　도쿄의 대기업 디스코의 '카리타스 구직활동 2021 학생모니터 조
사'에 의하면 2021년 구직활동 비용은 97,535엔으로 2020년의
136,867엔보다 대폭 줄고 처음으로 10만 엔 이하가 되었다고 한다.

　　"도쿄 인접 지역으로 이주가 많아졌다는 소식은 있지만 실제로
　　코로나를 계기로 이주한 사람은 여전히 제한적입니다. 대기업의
　　본사 기능은 도쿄권에 집중되어 있으며 전체 원격근무로 전환하
　　는 회사도 극소수인 거죠." (쓰네미)

부동산업계의 평가, '역세권보다는 집 크기'

　부동산업계에서도 수도권의 수요는 크게 바뀌지 않았다고 평가한
다. 부동산 경제연구소의 '수도권·긴키권 맨션 수요 예측'에 의하면
2020년 1-11월 평균 주택 수요 가격은 6,254만 엔으로 1990년 이

후 두 번째로 평균 6,000만 엔대의 높은 수요 가격이 나타났다. 주택 공급 수는 2020년은 전년 대비 21.9% 감소한 2.44만 호를 예상했지만, 2021년에는 전년 대비 31.1% 증가한 3.2만 호로 코로나 이전 수준으로 회복될 전망이다.

전국 부동산 사정에 정통한 주택평론가 사쿠라이 유키오(櫻井幸雄)는 도심과 긴키 지역으로의 이주는 코로나 상황에서도 변하지 않았으며, 원격근무 때문에 주택 우선 사항이 역세권에서 집 크기로 바뀌어 넓은 주택에 대한 수요가 그 어느 때보다 높다고 한다.

"긴급사태선언 당시에는 원격근무에 대한 기대감으로 넓은 집이 있는 도쿄 근교의 교외 도시가 인기를 끌었습니다." (사쿠라이 유키오 주택평론가)

구체적으로는 가나가와현 사가미하라시(相模原市), 후지사와시(藤沢市), 사이타마현 사이타마시 미도리구, 도쿄도 다마뉴타운, 지바현 지바시, 가시와시, 마쓰도시 등이 주목받는 지역이다.

그러나 긴급사태선언 해제 후 출퇴근이 늘면서 상황은 급변하여 주택 수요에도 변화가 나타나고 있다.

"아무래도 교외에서는 출근 시간이 오래 걸리고, 도시의 밀집된 상태에서 장시간 체류하고 집으로 돌아오면 감염원 취급을 당합니다. 주목받는 곳은 고토구 미나미쓰나(江東区 南砂)와 기타구

아카바네(北区 赤羽) 등 도쿄 23구 외곽 지역입니다.

　바로 역 앞은 비싸지만, 역에서 도보로 15분 이상 가면 가격이 내려갑니다. 지금까지는 역세권이 최우선 사항이었지만 집 크기를 기준으로 하는 움직임이 강하게 나타나고 있습니다." (사쿠라이 유키오 주택평론가)

야마노테선(山手線) 외곽의 주택 수요 증가

넓은 집을 구하고 싶어 하는 것은 30-40대의 젊은 육아세대이다. 코로나에 따른 고용불안도 있고 5,000만 엔이 넘는 큰 주택을 구매하기 위해 대출받는 것을 꺼리는 세대들이다.

　"이 세대들은 코로나로 인한 위기가 심화하여 급여 삭감이나 고용불안이 나타날까 봐 불안해합니다. 주로 중간소득층으로서 가구 수입 연 600-800만 엔, 자녀 1명이 있는 세대들이죠. 이들이 크게 무리하지 않고 대출받을 수 있는 4,000만 엔대의 물건이 인기예요. 그렇게 되면 필연적으로 야마노테선 외곽, 그것도 역에서 먼 지역이 됩니다. 3,000만 엔 정도의 주택에서 쾌적하게 원격근무를 하기는 어렵기 때문이죠." (사쿠라이 유키오 주택평론가)

결국 단독주택이 인기여서 아파트를 사는 것보다는 많은 돈이 든다.

"20년 넘은 집이면 35년 주택대출을 받을 수 없고 매월 이자가 높아집니다. 금융기관은 사용 가능 연한을 생각해 30년 후에 사용 연한이 끝난다고 판단되면 장기 주택대출을 해주지 않기 때문입니다. 따라서 신축 주택은 대출받기 쉽습니다. 지금은 금리가 낮아서 4,000만 엔 전후로 35년 주택대출을 받으면 매월 이자는 10만 엔 정도입니다. 그렇게 하면 도심의 월세 주택보다 부담은 줄어들게 되죠." (사쿠라이 유키오 주택평론가)

수도권의 신축 물건 중에서 맨션에 공유사무실이 있는 물건 등 포스트 코로나 사회를 노린 물건도 나오고 있다고 한다.

"'형편이 안 좋으니 팔려는 사람이 많겠지'라며 코로나 후에 주택 투자 욕구도 높아지는 상황입니다. 파는 쪽에서는 '지금 팔면 눈치 빠르게 값을 후려칠 것 같다'고 예측하며 매물을 내놓지 않아서 매물 건수 자체가 대폭 감소하고 있어요. 그 결과, 거꾸로 중고물건의 가격이 오르는 현상이 일어나고 있습니다." (사쿠라이 유키오 주택평론가)

기존 이주자와 다른 코로나 이주자의 새로운 움직임

기존 이주자와 코로나 이주자의 차이는 이주 인기 지역에서도 나타난다.

지원센터의 '이주희망지 순위'에서 10년 연속 Top 3를 기록한 나가노현에 코로나 이주가 실제로 늘었는가를 살펴보면 꼭 그렇지는 않다.

나가노현 북부의 이야마시(飯山市)는 (다카하시 히로시 지원센터 이사장에 따르면) "이주자를 선구적으로 받아들이는 적극적인 지자체"의 하나다.

지자체가 발표하는 이주자 수는 단순 전입자 수를 산출하는 곳도 있고, 지자체의 이주지원기관을 통한 이주자만 세는 곳도 있다. 이렇듯 기준이 모호하므로 이주자 수 발표 자체를 꺼리는 지자체가 많지만, 이주지원 관계자의 말을 들어보면 "연간 100명이 넘으면 대성공"이다.

이야마시의 이주지원기관을 통한 이주자는 2018년 109명, 2019년에 120명으로 나가노현 최고 수준이었다. 코로나 후에는 기존 이주지원에 더해 가구와 가전을 완비한 '워케이션을 위한 실험거주'를 시행하는 등 원격근무에 대해서도 준비했지만 큰 반응은 없었다.

워케이션은 '워크(work)'와 '휴식(vacation)'의 합성어로서 관광지와 리조트 등에서 원격근무를 하며 휴가를 보내는 방식을 말한다. 환경성은 2020년 추경예산 22억 엔을 편성하여 통신환경 정비와 관광사업자 지원금 지원 등 워케이션을 위한 사업을 실시했다.

이야마시도 코로나 시대의 이러한 새로운 이주 열기를 수용하려고 노력했지만, 담당자에 의하면 그렇다고 이주희망자가 느는 것은 아니라고 한다.

"코로나 영향으로 이동이 어렵기 때문에 직접 보러오는 것을 망설이는 사람이 많다. 이주는 라이프스타일이 바뀌는 것이어서 온라인 쇼핑이나 온라인 게임과는 다른 것이다. 사전에 보고 신중하게 생각하여 결심한다.

이주자 수는 예년과 비슷할 것 같다. 특별히 코로나 때문에 이주자가 늘 것 같지는 않다. 도쿄의 접근성이 좋은 것이 인기 요인의 하나이긴 하다. 도쿄역까지 1시간 39분이면 간다.

원칙적으로 원격근무를 하면서 월 1, 2회 정도 출근한다면 문제없겠지만, 그렇지 않으면 조금 멀다고 느낄 수도 있다." (이야마시 이주정주추진과 담당자)

첫마디, "지원금은 있나요?"

아사마산(浅間山), 야쓰가타케(八ヶ岳) 등 웅대한 산으로 둘러싸인 별장지로 알려진 가루이자와정(軽井沢町)에 인접한 사쿠시(佐久市)도 나가노현의 인기 이주지의 하나다.

도쿄역까지는 약 75분 걸리기 때문에 도심 접근성도 좋다. 2019년 인구유출 수와 인구유입 수를 기준으로 한 사회적 증감 분석에 의하면 나가노현의 19개 시 중에 14개 시에서 사회적 감소가 나타났다. 반면, 사쿠시 인구는 168명 늘었다.

코로나에 따른 이주 열기에 편승하여 원격근무 지원금(5만 엔)과 신칸센 승차권 구입비 지원금(월 최대 2만 5,000엔) 등 '원격근무자·

스타트업 지원금'을 지급하고, 온라인으로 이주 세미나도 실시하고 있지만 효과는 미미하다.

이주상담 자체도 줄고 있다. 코로나로 이동을 제한하는 환경에서 2020년 4월부터 11월까지 이주상담 방문자 수는 전년 동기 115명보다 적은 75명이었는데 비대면 전화 상담 건수도 줄고 있다. 같은 시기에 비해 전화 상담은 2019년 264명에서 236명으로, 이메일 상담은 157명에서 92명으로 줄었다.

> "지방에 관한 관심이 느는 것은 체감하지만 감염자가 많은 수도권에서 오면 받아들일 수 있을까 하는 불안도 있어요.
>
> 앞으로 코로나가 어떻게 될지 모르는 상황에서 사쿠시를 포함한 각 지자체가 온라인 이주상담도 하지만 현지 사정을 모르는 상태에서 이주를 결정하기는 쉽지 않지요.
>
> 코로나 상황에서 특히 나타나는 현상은 주로 젊은 세대들이 '어떤 지원을 해주나요?'라고 문의하는 경우가 많다는 것이에요. 각 지자체의 지원을 비교하는 것이지요." [하마 지로(濱二郞) 사쿠시 이주상담원]

취재하면서 지자체들에서 이런 말을 많이 들었다. 이주 인기가 높은 가나가와현의 관계자는 익명을 조건으로 현장 상황을 이렇게 말했다.

"상담을 시작하면 처음 하는 말이 '지원금이 있나요?'다. 그런
사람은 돈 떨어지면 정도 떨어진다는 말처럼 언젠가는 떠날 것이
므로 지자체로서는 환영하기 어렵다."

코로나 이주자를 간절히 원하는 지자체의 속사정

이런 상황이 발생하는 것은 인구감소 위기에 처한 지자체들이 수
도권 이주자 유치를 위해 각종 지원금과 시설 등 새로운 이주지원책
을 내놓기 때문이다. 인구 5만 명이 안 되는 작은 지자체의 직원은
이렇게 속내를 드러내기도 했다.

"수도권에 근무하면서 이주하는 코로나 이주자는 대부분 소득
이 높아서 주민세도 많이 낸다. 그들이 생활하고 소비하면 마을 경
제도 윤택해진다. 인구가 늘면 그만큼 지방교부세로 많아진다. 지
자체의 지원 서비스 그 이상의 비용을 회수할 수 있다는 의미이다."

지자체는 행정서비스와 지역주민의 건강하고 문화적인 생활 유지
를 위한 운영비를 지자체의 급여에 해당하는 지방세와 정부에서 받
는 지방교부세로 마련한다.

정부의 지방교부세를 받지 않고 지방세만으로 충당하는 도쿄도
등의 예외도 있지만 지자체의 표준적인 운영비 부족분은 지방교부세
형태로 보조한다.

지자체의 급여에 해당하는 지방세 중에 제일 큰 비중을 차지하는 것이 주민세다. 주민세는 1월 1일 시점으로 주민등록이 되어있는 주민이 납부하는 것이기에 근무지가 도쿄에 있더라도 거주 지자체에 낸다.

주민세는 납세자의 균등부담금과 소득금액에 따라 부담하는 소득부담금으로 구성되어 있지만 지역별 차이가 나지 않도록 표준세율이 정해져 있고, 소득부담금의 표준세율은 10%(시정촌세 6%+도도부현세 4%)다.

수도권에 직장이 있으면서 이주하는 원격근무 이주자는 소득금액이 크다. 납세의무자 1명의 과세대상 소득의 전국 평균은 약 340만 엔이지만, 도쿄도는 450만 엔이나 되고 가나가와현도 약 384만 엔 수준이다. 따라서 지역은 원격근무 이주자를 간절히 잡고 싶은 것이다.

파소나 본사의 이전 효과

세수가 늘면 주민 서비스도 향상되어 지자체 나름의 독자적인 사업을 전개할 수 있다. 지방재정 전문가인 리쓰메이칸대학 모리 히로유키(森裕之) 교수(재정학·도시경제학)는 이렇게 설명한다.

"지방세가 는다고 그만큼 지방교부세가 줄어드는 것이 아니다. 지방세 75%가 지자체 수입과 가정 운용으로 설정되어 있으므로

나머지 25%는 '유보재원'이 된다."

예를 들어 어떤 지자체의 지방세가 80만 엔에서 100만 엔으로 늘었다면 증가한 20만 엔만큼 지방교부세를 감액하는 것이 아니다. 실제 지자체 수입을 60만 엔(80만 엔×75%)에서 75만 엔(100만 엔×75%)으로 계산하여 15만 엔의 증가분을 제한 나머지 5만 엔은 유보재원이 되어 지자체가 자유롭게 쓸 수 있다.

모리 교수는 지자체들이 코로나 이주를 기회로 받아들일 것이라고 평가했다.

> "인구가 줄면 세수뿐만 아니라 지방교부세도 줄어듭니다. 지방교부세 산정기준의 약 70%는 인구를 기준으로 합니다. 또한 은퇴자 이주는 복지와 의료 경비가 들지만, 현역 세대의 이주는 그런 걱정을 할 필요가 없지요. 즉, 소득 높은 도시로부터 코로나 이주자가 늘면 지자체 세수가 늘고, 창업하여 고용이 발생하는 등 시너지 효과도 기대할 수 있습니다."

내가 살고 있는 아와지시의 2019년 결산 현황을 보면 일반회계에 의한 세입은 297억 5,119만 엔으로 시가 독자적으로 확보할 수 있는 자주재원은 약 30%에 달한다. 그 자주재원의 60%가 시세다.

지자체 재정의 주요 지표인 '재정력 지수'를 보면 도도부현 평균은 0.521이지만 아와지시는 평균을 밑도는 0.346으로 재정력이 약하다. 재정력 지수는 지방교부세에 의존하지 않고 스스로 자립재정을 운영할 수 있는 지표로서 1을 기준으로 그 이상이면 보유재원이 크고 재정 여유가 있음을 의미한다.

그렇게 재정 기반이 빈약한 이와지시가 전국적으로 화제가 되었다. 도쿄의 인재서비스 대기업 파소나 그룹이 본사의 주요 기능을 이와지시로 옮긴다고 밝혔기 때문이다.

2024년 5월 말까지 도쿄 본사에서 인사, 홍보, 경영기획 등에 근무하는 사원 1,800명 중에서 1,200명을 이와지시마로 옮긴다는 것이다. 한꺼번에 바로 1,200명이 이주하는 것은 아니지만 코로나 이후에 일어난 가장 상징적인 수도권의 인구이동이다.

아와지시 가도 야쓰히코(門康彦) 시장은 파소나 그룹의 이전 발표를 듣고 《아사히신문》 인터뷰에서 이렇게 답했다(《아사히신문》 오사카 지방판, 2020년 11월 9일).

"1,200명 이전 발표에 대한 감상은 어떠십니까?"

"환영합니다. 15년 전 시정촌 합병으로 이와지시가 탄생할 때 인구가 5만 1,000명 정도였는데 지금은 4만 3,000명 정도입니다. 우리 시는 기업 유치를 중심으로 인구확보유치정책을 추진하기 때문에 파소나의 진출은 시의 정책에도 부합하는 것입니다."

"왜 인구 확보에 주력하십니까?"

"재정력이 약하기 때문입니다. 우리 시의 행정서비스 예산이 약

300억 엔인데 자주재원의 시세는 50억 엔뿐입니다. 나머지 250억 엔은 정부의 지방교부금과 현의 지원금 등으로 충당합니다. 그 교부금 산정의 근거가 바로 인구입니다."

예비 이주 교통비와 숙박비 지원

지자체의 이주자 지원은 어떻게 전개되고 있을까.

일반사단법인 이주·교류추진기구(JOIN) 홈페이지에서 전국 지자체의 지원제도를 검색할 수 있다.* 한눈에 볼 수 없을 정도로 많은 지자체가 다양한 이주지원제도를 시행한다.

시마네현 이즈모시(出雲市)는 시에 처음 이주하여 시내 사업소에 취직하는 18세 이상 독신 남녀의 이사 비용과 집세를 최대 3만 엔까지 지원한다.

니가타현 사도시(佐渡市)는 이주 검토자에게 가구·가전이 완비된 체험주택을 최대 6개월간 무료 임대한다.

히로시마현 미요시시(三次市)는 주택을 신축한 이주자에게 고정자산세 상당액을 5년간 보조한다(2021년 1월 기준).

도쿄권에 인접한 지자체들은 코로나를 계기로 지원정책을 전개하는 것이 아니라 보다 전략적으로 지원해왔다.

이바라키현 히타치시(日立市)는 2020년 10월부터 '히타치 원격근

＊https://www.iju-join.jp (역주)

무 이주촉진 조성사업'을 개시하여 지역 밖의 기업에서 근무하거나 지역 밖의 기업에서 수주받아 일하는 원격근무자가 이주하면 최대 51만 5,000엔을 지원한다. 임대하거나 본가에 사는 경우도 지원 대상으로서 각각 최대 101만 5,000엔, 40만 엔을 지원한다.

원격근무자 지원금 40만 엔은 통신기기 정비 지원 20만 엔, 교통비 지원 10만 엔, 시내 7곳의 코워킹 시설·카페 시설 이용료 지원 10만 엔으로 구성되어 있다.

> "사업을 시작하고 10월, 11월에 약 30건의 상담을 받았습니다.
> 예년이라면 이주상담은 한 달에 5건 정도였습니다. 원격근무에
> 관심이 높아지는 것 같습니다." (히타치시 담당자)

2018년부터 시즈오카 시내의 공유공간과 공유사무실이 연합하여 '시험 원격근무 사업'을 전개하고 있다. 문자 그대로 1일-1주일간 시험 체험이지만 공유공간 사용료와 숙박비(1박당 최대 8,500엔), 최대 1만 2,000엔의 왕복 교통비도 보조하는 융숭한 대접으로 기업의 위성사무실 설치와 프리랜서 이주를 독려한다.

2019년에 21명이 이용했고 2020년에는 코로나 영향으로 6월 말까지 실시하지 못했지만 7-11월 말 기준으로 전년의 두 배가 넘는 45명이 이용했다. 또한 코로나에 따른 원격근무 확대 영향으로 사업을 더욱 확대했다.

2020년 11월에 'Move To 시즈오카 새로운 비즈니스 지원사업'을

시작하고 시즈오카시에 신규 진출을 검토하는 기업에 시내 공유공간과 공유사무실의 한 달 이용료와 두 명분 숙박비(월 상한액 7,200엔×30일) 그리고 시즈오카 근무자 두 명분의 왕복 교통비를 지원하고 있다.

> "시즈오카에는 바다와 산도 있어 자연환경이 풍부하고 역 앞에는 상업시설이 많아요. 적당한 시골 느낌이 있고 도쿄에서 신칸센으로 1시간밖에 안 걸리는 가까운 곳이란 점도 매력이지요." (시즈오카시 기획국 기획과 담당자)

취재 시점인 2020년 12월 중순 기준으로 이미 지원사업을 활용하여 2개 사가 시즈오카시에 진출했다.

수도권 인구유출이 이어지다

정부도 수도권의 인구유출을 환영한다. 아베 정부는 디플레이션 탈피·경제재생을 목적으로 2014년 6월 경제재정 운영방침을 발표했다. '50년 후에 1억 명 정도의 안정된 인구구조 유지'를 목표로 내걸고 제2차 아베 개조내각에서 지방창생담당성을 설치했다.

초대 대신에는 이시바 시게루(石破茂) 전 간사장이 취임했다. 지방창생을 간판 정책으로 내걸고 인구감소 대책과 지방재생 사령탑이 되는 '마을·사람·일 창생본부'(본부장은 아베 전 총리)를 신설했다.

그 첫 번째 사업이 '도쿄일극집중 시정'이었다. 대도시로 인구가 유출되고, 전국적으로 출산율이 낮다. 특히 주거비가 많이 들고 육아를 도와줄 부모가 주변에 없다는 등의 이유로 도쿄도의 합계출산율은 도도부현에서 가장 낮은 1. 21 수준이다(2017년). 따라서 농림수산업과 관광업 진흥으로 지방 고용을 창출하고, 전국적으로 육아지원 상담기관을 정비하겠다는 것이다.

정부는 2015년부터 2019년까지 지방에서 도쿄권으로 인구전입을 연간 6만 명으로 줄이고 전출을 4만 명 늘려 전출입 균형을 형성하는 제1기 총합전략을 세웠지만, 2019년 도쿄권 전입이 약 14만 9,000명으로 전입 초과가 되어 목표 달성에 실패했다. 그렇지만 코로나로 사람들의 움직임이 급변하면서 도쿄는 전출이 전입을 초과하게 되었다.

도쿄도에서 2013년 7월 이후 처음으로 전출초과 현상이 나타났다. 11월 전출자 수는 전년 동월 대비 19. 3% 증가한 2만 8,077명인데, 그 가운데 (수도권의 핵심지역인) 도쿄 23구의 인구유출이 현저히 높다.

전년에 비해 전출자가 가장 많이 증가한 11월 전출초과 수는 4,033명인데, 도쿄 23구 전출초과 수는 5,081명으로 도쿄도보다 높게 나타났다.

다만 연령별로 보면 코로나 상황에서도 20대의 도쿄 전입은 늘고 있다. 도쿄를 떠나는 것은 30-50대 육아세대와 60대 이상의 고령자 세대이다. 은퇴 후 이주는 코로나 시작 전에도 있었기 때문에 30대

2020년	전입자 수	전출자 수	전입초과 수	
	전년 대비 변동률(%)		2019년	2020년
4월	59,565(-13.3%)	55,033(-1.0%)	13,073	4,532
5월	22,525(-36.3%)	23,594(-23.6%)	4,481	-1,069
6월	29,040(-1.0%)	27,371(+4.7%)	3,175	1,669
7월	28,735(-12.8%)	31,257(-1.5%)	1,199	-2,522
8월	27,524(-11.5%)	32,038(+16.7%)	3,648	-4,514
9월	27,006(-11.7%)	30,644(+12.5%)	3,362	-3,638
10월	28,193(-7.8%)	30,908(+10.6%)	2,657	-2,715
11월	24,044(-6.8%)	28,077(+19.3%)	2,254	-4,033
12월	25,062(-6.9%)	29,710(+17.1%)	1,543	-4,648

＊출처: 총무성 통계국. 「주민기본 인구이동 보고」.

전출이 늘어나는 것에 주목한다. 즉 육아세대가 도쿄의 전출초과 현상을 만들고 있는 것이다.

정부는 2024년까지 6만 명의 지방이주라는 새로운 목표를 제시하며, 2021년부터 이주지원금 대상에 원격근무자 및 육아세대를 포함해 이주를 장려할 방침이다.

원격근무 이주라도 100만 엔 지원

이주지원금은 도쿄 23구에서 도쿄권 밖으로 이주하는 사람에게 정부가 지급하는 지원금이다. 수도권 집중과 지방 일손 부족 해소를 목적으로 2019년부터 실시하고 있다.

이주와 별개로 창업지원금(최대 200만 엔)도 지급되기 때문에 도쿄 23구에서 지방에 이주하여 창업할 때는 이주지원금을 포함해 최대 300만 엔을 받을 수 있다.

제1장에 소개한 세키가미가 단념한 것처럼 대상 자체가 적고 홍보

이주지원금과 창업지원금 규모와 지원 대상

이주지원금: 지역의 중소기업에 취업하거나 사회적 창업을 하는 이주자 지원

지원금	최대 100만 엔(독신은 최대 60만 엔)
대상	① (거주지) 도쿄 23구의 거주자 또는 통근자(이주 직전까지 10년 동안으로서 통산 5년 이상 및 최근 1년 이상) ② (이주지) 도쿄권 이외의 지자체 혹은 도쿄권 내의 조건이 불리한 지역에 이주한 사람 ③ (취업·창업) 이주지원사업을 시행하는 지자체 등이 매칭 사이트에 제시한 이주 대상으로서 등록 사업체에 신규 취업한 사람 혹은 창업지원금 지원 결정을 받은 사람. 원격근무를 계속하고 있는 사람

창업지원금: 지역과제와 관련 있는 사회성·사업성·필요성을 가진 사회적 창업 지원

지원금	최대 200만 엔
대상	① 도쿄권 외의 지자체 혹은 도쿄권 내의 조건이 불리한 지역에서 사회적 창업을 하는 사람 ② 공모 개시일 이후부터 보조사업 기간 만료일까지 개인사업자 등록 혹은 법인 설립을 할 것 ③ 창업 지역 외의 지자체에 거주할 것. 또는 거주 예정일 것

＊출처: 내각관방·내각부 총합 사이트

도 잘 이루어지지 않아 제도 이용은 잘 이루어지지 않고 있다. 제도 시작부터 2020년 12월 말까지 이용자는 전체 지자체에서 247건, 463명(세대는 1건으로 간주) 정도 수준이다.

그래서 정부는 이주지원금 대상에 원격근무자도 포함하여 제도 이용을 촉진하려고 한다.

"도부현의 매칭사이트에 게재된 구인 수가 전국에서 약 9,000건 수준이라 제도 이용이 확대되지 않는 상황입니다. 그래서 원격근무 이주자를 새로운 대상으로 포함하여 제도 이용을 넓히고자 합니다. 프리랜서도 도쿄 23구 내 회사에서 발주받은 것을 증명할 수 있다면 지원 대상이 됩니다. 확대된 이 제도는 2020년 12월부터 시행합니다." (내각부 담당자)

부흥청도 이주지원에 착수했다. 후쿠시마 제1원전 사고 피해로 인구가 급감한 12개 시정촌에 이주하는 사람에게 최대 200만 엔의 지원금을 지급한다. 지원 대상은 2011년 사고 당시 12개 시정촌*에 거주하지 않은 사람으로서 이 지역 외에서 가족이 이주하면 200만 엔(12개 지역에서 이주하면 12만 엔), 1인 가구이면 120만 엔(12개 지역에

---

*후타바정(双葉町), 오쿠마정(大熊町), 도미오카정(富岡町), 나미에정(浪江町), 이타테정(飯舘町), 가와마타정(川俣町), 미나미소마시(南相馬市), 가쓰라오촌(葛尾村), 나라하정(楢葉町), 가와우치촌(川内村). 다무라시(田村市), 히로노정(広野町).

서 이주하면 80만 엔)을 지급한다.

피난지시가 해제된 후에도 원전 사고 당시 인구의 20%에 머물러 있고, 그중에 65세 이상이 40%를 차지하는 상황이기 때문에 피난자 귀환뿐만 아니라 새로운 이주자를 맞아 지역부흥을 이루겠다는 것이 목적이다. 이주하여 5년 이상 기주, 취업을 조건으로 2021년 여름부터 지원금을 지급할 전망이다.

인구감소에 고민하는 지방지자체뿐만 아니라 정부도 도쿄로부터의 이주자를 환영한다. 다만 금전적 원조만으로는 이주자는 모이지 않는다.

"이주자를 모으기 위해서는 무엇보다 그들을 수용할 수 있는 시스템을 갖추는 것이 가장 중요합니다. 즉 사람이 중요합니다. 받아들이는 체제가 되어있는가 아닌가가 가장 중요합니다. 무엇보다 사람인 것입니다." (다카하시 히로시 지원센터이사장)

제3장

코로나 이주 인기 지역을 돌아보다

이주자가 모이는 과소마을 '미나카미'

도쿄권에 인접한 군마현은 2020년 8월부터 '리모트현'을 표방하고 온라인으로 토크쇼와 상담회, 지역주민 교류회를 적극적으로 열고 있다. 유치원, 어린이집 추첨을 기다리는 아동도 적고, 중학생 이하의 의료비를 전국에서 선도적으로 무료화했다. 대자연으로 둘러싸인 육아환경의 잠재력과 도심으로의 가까운 접근성을 어필하며 수도권의 육아세대 이주 유치를 위해 노력하고 있다.

군마현에는 생활환경이 정비된 인구 30만 규모의 중핵도시 다카사키시와 마에바시시가 있지만 코로나로 이주자가 늘고 있는 과소마을도 있다.

군마현 최북단에 있는 인구 약 1만 8,000명의 미나카미정이다. 일본의 명산인 다니가와다케(谷川岳), 호타카산(武尊山), 시부쓰산(至

仏山)에 둘러싸여 있고, 일본 3대 하천의 하나인 도네강(利根川)의 발원지로서 '간토의 물병(関東の水瓶)'이라고 불리는 지역이다. 미나카미온천(水上温泉)과 사루가쿄미쿠니온천(猿ヶ京三国温;泉) 등 마을 내에 18곳의 온천이 있는 수려한 풍경을 갖추고 있다.

미나카미정 인구는 1955년 3만 5,696명을 정점으로 감소가 이어져 고령화율(65세 이상 인구 비율)은 전국 평균을 크게 웃도는 36.5%(2015년)에 달한다.

이런 마을에 2020년 4월부터 반년간 도쿄에서 9세대, 22명이 이주했다. 2019년 이주자가 4세대, 9명이었던 것을 생각해보면 급증한다고 말해도 좋은 규모이다.

미나카미정에는 풍부한 자연환경에 더해 또 하나의 강점이 있다. 신칸센역이 있어서 도쿄까지 최단 66분의 통근권이다. 미나카미정은 2019년 4월부터 이주시책의 하나로 '미나카미정 신칸센 통근비 지원금'을 창설했다. 수도권에 근무하며 일을 바꾸지 않고 이주한 사람은 월 최대 3만 엔을 3년간 받을 수 있다. 유휴시설이 된 유치원과 옛날 집을 수리하여 원격근무 거점도 정비했다.

그렇다고 해도 도쿄역까지 정기권은 1개월에 약 13만 엔이다. 근무지까지 교통비 부담의 상한액에 따라 다르지만 3만 엔의 지원금이 있어도 자기부담이 크다.

그렇지만 미카나미정은 평당 6만 엔의 공간에 집을 지은 경우와 평당 100만 엔 이상의 도쿄에 집을 지은 경우를 비교하면 신칸센 정기권 구매에 자기부담이 있더라도 미나카미정에서 30년간 통근하면 약 1억 엔이 남는다고 분석한다.

그리고 원격근무가 확대되는 환경에서 2020년 10월에 신칸센 통근비 지원금 내용을 일부 개정했다. 이제까지는 정기권을 구매한 이주자를 대상으로 했지만, 앞으로는 승차별로 실비 보조한다는 것이다.

원격근무를 시행하는 기린홀딩스와 ANA, 혼다 등 대기업이 통근정기권 정액제 지원을 폐지하고 교통비 실비산정으로 전환하는 움직임을 반영하여 미나카미정에서도 유연하게 대처한 것이다.

그 외에도 이주자에게 빈집 수리비 지원과 최대 100만 엔의 창업지원도 시행하고 있다. 그러나 이러한 금전적 보조만이 이주자를 불러들이는 이유는 아니다.

자연환경과 도심 접근성의 양립

시미즈 유스케(清水裕介, 34세)는 아내와 아이 둘을 데리고 2020년 12월에 미나카미정에 이주했다. 시미즈는 대학 졸업 후에 대기업 자동차회사에 취직하여 27세에 결혼하고 28세에 도쿄에 단독주택을 구매했다. 아이들과 행복하게 지내며 미국 주재원을 거쳐 퇴사했고, 현재는 외국계 IT기업에 근무하고 있다.

"미국에 주재할 때 일본이 제조업 강국으로서의 정체성을 상실했다는 기분이 들었습니다. 당시 일본에서 전기자동차는 일부 특수한 차에 불과했지만, LA에서는 테슬라 전기자동차를 많이 보았고 중국, 한국, 대만의 가전제품이 넘쳐나고 있었죠. 일본이 과거 같은 영광을 누리기는 어렵다고 확신했습니다. 그러한 경험을 하다 보니 과거의 가치관에 빠지지 않고 다시 일본다운 매력과 가치를 생각하는 사고방식이 몸에 배게 되었습니다."

시미즈가 근무하는 외국계 IT기업은 코로나가 일본보다 빠르게 퍼진 미국에 본사가 있어서 일본 정부가 긴급사태선언을 발령하기 전에 모두 원격근무로 전환했다.

'매일 집에서 일한다면 굳이 도쿄에서 살 필요가 없다, 광활한 지역으로 이주하자'는 마음이 생겼다.

"2020년 8월에 가끔 여름 캠프를 가던 가타시나촌(片品村)에서 빈집뱅크에 등록된 집을 빌렸습니다. 백신이 개발되더라도 완전히 예전 상태로 돌아가지 못한다는 확신이 있었습니다."

이주를 염두에 두고 단독주택을 월세 4만 엔에 빌렸다. 가타시나촌은 미나카미정과 함께 군마현에 있는 과소마을이다. 아이의 여름방학 중에 실험이주를 하고 유치원 재개와 동시에 주말만 가타시나촌에서 지내는 2거점 생활을 시작했다.

그러나 자동차로 오가면서 도쿄로의 접근성에 불만을 느꼈다. 도쿄의 집에서 가타시나촌까지 차로 약 3시간 걸리는데 이주해도 여전히 비슷한 빈도의 출근과 지인과의 교류, 장보기와 식사 때문에

휴일에 근처 온천을 찾은 시미즈 가족(시미즈 제공)

도쿄에 갈 일이 있을 것이기 때문이다.

자연환경과 도쿄로의 접근성이 좋은 두 가지 조건을 만족하는 지역을 찾으면서 발견한 곳이 가타시나촌에서 직선거리로 25㎞에 있는 미나카미정이었다.

지자체 이주담당자가 마을을 소개

2020년 10월, 시미즈는 미나카미정이 주최하는 온라인 상담회에 참가했다. 상담회 후에 미나카미정 담당자로부터 "계속 페이스북 메신저로 정보교환을 합시다"라는 연락이 와서 연락처를 교환했다. "한번 놀러 오세요"라는 제안을 받고 상담회 다음 날 미나카미정을 방문했다.

휴일인 토요일에도 불구하고 면사무소에서 두 사람의 담당자가 나왔다. 함께 소바를 먹고 마을을 안내받았다.

"훌륭한 영업맨으로부터 설명받는 것이 이렇게 기분 좋은 일인 가라고 느꼈습니다. 사전에 부동산을 보고 싶다고 말했는데 몇 개 물건의 열쇠를 가지고 집 내부까지 보여주셨습니다. 이미 이주 한 사람과도 만나게 해주는 등 정말 성실하게 소개해주시더라고 요." (시미즈)

안내받는 도중 지역의 산을 보며 안내자는 "이렇게 멋진 산을 보면서 살 수 있습니다"라고 말했다.

그 마을 관계자도 이 지역 출신이 아니다. 원래 도쿄에서 일했지만 미나카미정 출신인 아내가 지역에서 창업하겠다고 해서 자신도 이주한 것이다.

"좋은 것만 있는 것은 아니고, 여름은 풀베기, 겨울은 눈 치우기가 큰일이라며 이주자가 더 분명하게 느낄 수 있는 단점도 잘 알려주어서 정말 안심되기도 했어요."

그 후에도 SNS를 통해 정보를 교환하면서 이주를 결심했다. 11월에 집을 팔고 그 돈으로 미나카미정에 새로 집을 지을 계획이다.

이주지 결정의 최대 요인은 '사람'

엔지니어로 일하는 다미야 유키코(田宮幸子, 27세)도 면사무소의 대응에 반해서 이주를 결정했다. 코로나 전부터 도쿄를 떠나는 것에 관심이 있었는데 2020년 초부터 엔지니어로서 온종일 컴퓨터를 대하는 생활에 위화감을 느끼고 '나는 무엇을 하고 싶은가'를 생각하기 시작했다고 한다.

코로나로 세상은 갑자기 원격근무가 이루어져 집에 있는 시간이 늘었다. 당시, 다미야는 이른바 어드레스 호퍼(1거점 정주에 집착하지 않고 이동 중심으로 생활하는 스타일)로 에어비앤비를 통해 이곳저곳 옮겨가며 지내고 있었다. 코로나에 의한 마음의 변화에 대해 다미야는 이렇게 말했다.

"사무실에 출근하는 것이 원칙적으로 금지되어 결국 도쿄에 있는 의미가 없어졌습니다. 막연히 그리고만 있던 자연 속에서 실제로 일하고 싶다는 욕구가 더 커졌습니다."

2020년 여름, 산속 원두막 짓기 강습에 참가했다. 그것을 계기로 이주하고 싶은 마음이 더 커졌다. 도쿄를 떠나자고 결심하고 온라인 이주상담회에 참여했다. 몇 개의 지자체에 관심을 가지던 중 미나카미정으로 결정한 이유는 '사람'이라고 말한다.

"1주일 정도 마을에 머물렀는데 면사무소 분과 이주안내 책임자분이 마을을 소개해주었습니다. 산에 관심 있다고 하면 산속 숯가마까지 안내해주었습니다. 식사 초대도 받고 지역의 사냥꾼을 만나게 해주기도 하고 이주자들 이야기도 들을 수 있게 해주었습니다. 미나카미정에는 재미있는 사람이 많이 있어 새로운 일을 같이해볼 수 있겠다는 생각이 떠올랐습니다."

2020년 12월, 다미야는 면사무소가 준비한 원격근무 시설과 가까운 월세 4만 3,000엔짜리 임대아파트로 이주했다. 취재 전날에 눈이 많이 와서 부랴부랴 눈 치우는 삽을 샀다고 말했다.

"고령화가 진행되는 마을에서 눈 치우기 작업은 대단한 중노동입니다. 이런 어려운 일을 젊은 이주자 등이 도우며 마을의 곤란한 일을 해결할 수 있는 앱을 만들고 싶어요."

다미야는 도쿄에 일을 계속 가면서도 자기 능력을 마을 활성화에 연결하려고 한다.

아이들이 30년 후에도 살고 싶은 마을로

본가 가까운 곳으로 이주하는 것을 제외하면 도시에서 지방으로 이주하려면 그만큼 큰 결심이 필요하다.

나는 본가가 가깝고 친구도 있는 지역으로 가는 거여서 이주를 결심하기 쉬웠지만 인연이 없는 곳으로 가야 한다면 결코 쉽게 결정하지 못했을 것이다.

누누이 강조하지만 이주해도 괜찮다는 생각은 금전적 지원보다 신뢰할 수 있는 사람이 있을 때 더 커진다. 이주자들이 '훌륭한 영업맨'이라고 평가한 면사무소 직원은 내게도 강렬한 인상을 남겼다.

지자체들에 집필에 필요한 자료를 요청하려고 주말에 팩스를 보냈고 월요일에 확인 전화를 걸려던 참이었다. 그런데 월요일 8시 54분, 확인 전화를 걸기 전에 미나카미정 담당자 나카야마로부터 전화가 왔다. 바로 필요한 자료를 보내주고 취재 대상 후보한테도 연락해주었다.

열의가 있는 사람은 다르다. 현지에 가기 전까지 몇 번이고 이메일로 확인했는데 잠도 안 자는지 바로바로 답장이 왔다. 앞서 소개했듯이 나카야마는 아내가 본가가 있는 미나카미정에서 창업한 것을 계기로 자신도 이주했다. 전에는 도쿄의 회계사무소에서 일하며

이주지원 업무를 계속하고 싶다는 나카야마

신칸센으로 통근했지만, 아이가 태어나면서 공무원 시험을 보고 면사무소 직원이 되었다.

이주자 유치를 위해 특히 어떤 점에 주력하냐고 물었다.

"눈 치우기가 큰일이고 의료체제가 정비되어 있지 않다는 등의 단점을 우선 알려줍니다. 온라인 상담이 끝나면 SNS로 연결하여 친구가 되죠. 그러면서 마을 풍경 사진을 보내기도 하고, 필요한 사람에게는 구인 정보를 보내는 등 자주 연락합니다. 이주자가 이 마을에 오기 쉬운 이유로는 관광 마을이라는 것도 한몫하는 것 같아요. 주민들이 외지인에게 익숙하니까요."

아무리 그렇더라도 휴일도 없이 일하는 원동력은 어디에서 나오는 걸까.

"마을에서 나고 자란 아이들이 30년 후에도 살고 싶은 마을을 만들고 싶다. 그게 전부예요."

작은 마을에 속속 이주자가 늘고 있다

코로나 상황에서 사람들의 움직임을 검증했지만 이주할 마음이 들게 하는 것은 코로나가 아닌 다른 경험 때문이라는 점을 분명히 하고 싶다.

오카야마현 동부의 와케정(和気町)은 인구 약 1만 5,000명의 작은 마을이다. 이 마을에 최근 4년간 216세대, 420명이 이주했다. 20대부터 40대 육아세대가 70%를 차지하고 그것도 약 40%가 도쿄권 이주자들이다.

코로나 확산의 영향으로 사람들이 움직이지 않는 분위기 속에서도 2020년 4-11월까지 50명이 이주했고, 그 가운데 22명이 간토권 이주자들이다. 도쿄 주변 지역으로 이주자가 느는 것은 어느 정도 이해할 수 있지만 왜 오카야마일까.

미안한 이야기지만 특별한 뭔가가 있는 마을이 아니다. 미나카미정처럼 온천이 많다든지, 특별한 지원금이 있는 것도 아니다. 오카야마 시내까지 기차로 30분 걸린다는 접근성이 좋은 면도 있을지 모

도시 버리기

르지만, 도쿄처럼 일자리가 많은 지역은 결코 아니다.

와케정의 이주추진원 이이 도요(飯豊信)는 코로나 상황에서 이런 말을 들었다.

> "동일본 대지진 이후, 언제 일어나도 이상하지 않은 지진에 떨면서 사느니 차라리 도쿄를 벗어나고 싶은데 일 때문에 이주가 어렵다. 그러나 원격근무가 확대되니 드디어 도쿄를 벗어날 전망이 보인다."

미나카미정도 이주자에게 지진이 적게 일어나는 지역이라는 점을 어필한다. 2014-2019년까지 5년간 진도 3 이상의 지진은 도쿄도에서 49회 발생했는데, 이에 비해 미나카미정은 단 한 번도 지진이 발생하지 않았다.

지진과 방사선 위험도가 낮은 마을

오카야마현은 활성단층이 3개밖에 없고 지진이 적다. 기상청 진도 데이터를 보면 검색이 가능한 1919년 1월 1일부터 내가 검색한 2021년 1월 2일까지 이 지역에서 진도 4 이상 지진이 측정된 횟수는 19회다. 전국에서 3번째로 적고 진도 6 이상의 지진은 발생한 적도 없다.

1995년 한신·아와지 대지진과 2011년 동일본 대지진을 경험한

지자체별 진도 4 이상의 지진 발생 횟수

발생 기간: 1919. 01. 01.–2021. 01. 02.

도쿄도	568	오키나와현	111	히로시마현	36
이바라키현	372	미야자키현	79	후쿠이현	35
홋카이도	360	야마나시현	69	에히메현	35
후쿠시마현	341	군마현	68	야마구치현	34
미야기현	262	오이타현	67	고치현	32
이와테현	236	돗토리현	67	나라현	30
도치기현	229	야마가타현	60	시마네현	29
지바현	224	효고현	58	도쿠시마현	28
구마모토현	218	와카야마현	56	후쿠오카현	27
나가노현	185	아키타현	55	가가와현	25
니가타현	156	미에현	46	오사카부	25
사이타마현	156	나가사키현	46	시가현	24
시즈오카현	154	기후현	41	오카야마현	19
가고시마현	147	이시카와현	39	사가현	13
아오모리현	139	교토부	38	도야마현	13
가나가와현	113	아이치현	37		

＊출처: 일본 기상청. 「진도 데이터베이스」.

육아세대에게 지진이 적은 것은 큰 매력이다. 살아있는 동안 또 그런 경험을 하고 싶지 않다는 마음이 강하게 있는 것이다.

　도쿄를 중심으로 하는 수도권 지진에 대해 정부 지진조사연구추진본부는 '30년 이내에 진도 7급 대지진 발생 확률 70%'라고 예측한다. 최악의 경우, 사망자는 최대 2만 3,000명, 61만 채 가옥 붕괴, 국가 연간예산에 필적하는 95조 엔의 경제적 피해가 발생할 것으로 예측한다. 원격근무 확대로 일하는 장소의 제한이 줄어드는 요즘은 지진 공포도 이주 촉진 요인의 하나로 작용하는 것이다.

쓰루가만(駿河湾)에서 시코쿠 근해로 이어지는 해저지형 트로프(trough)에 의한 대지진도 앞으로 30년 이내에 발생할 확률이 70-80%에 달하지만, 오카야마현은 시코쿠와 세토나이해 사이라서 쓰나미 위험성이 적다.

와케정 이주자는 이런 말을 했다.

"오카야마시에서 후쿠시마 제1 원전까지는 700㎞ 이상 떨어져 있습니다. 주고쿠 전력·시마네 원자력발전소까지는 120㎞지만 주고쿠 산지를 사이에 두고 있어서 사고가 나더라도 오염이 적어요. 따라서 방사선 위험을 생각하는 사람들은 오카야마를 주목하고 있습니다."

이주 계기는 동일본 대지진

이주추진원 이이는 동일본 대지진 때문에 안심하고 안전한 장소에서 살고 싶어 와케정에 이주했다. 도쿄 출신으로 대학 졸업 후에 도쿄의 회사에서 근무하며 계속 그곳에서 살았다. 도쿄 출신인 아내와 결혼하여 평온한 인생을 보내고 있었지만 동일본 대지진을 계기로 삶에 대한 생각이 바뀌었다.

"당시에 저와 아내는 음악 관련 회사에 근무했는데 대지진으로 인해 압도적인 무력감을 느껴 '음악은 인간에게 있어서 필요한 것일까, 사치품이 아닐까' 하는 생각까지 했어요. 그러나 음악이 사람에게 용기를 불어넣을 수 있다고 생각하며 계속 고민했습니다."

동일본 대지진 후 일본 전체가 자숙 분위기에 들어갔기에 이이가 담당하던 많은 야외 페스티벌이 중지되었다. 방사능 오염에도 민감해져 슈퍼에 가면 원산지를 확인하고 물건을 사는 습관이 생겼다. 아내는 원산지 걱정 때문에 몇 번이고 물건을 사지 않고 돌아오는 일이 잦았다.

"언제나 의심해야 해서 너무 피곤했어요. 물 걱정을 하면서 국수를 삶을 때에 생수를 사용하기도 했습니다."

동일본 대지진 후 수도권 지진에 대한 방송 프로그램도 늘었다. '엘리베이터 안에 타고 있을 때 지진이 일어나면 어떡하지. 만원전차에 타고 있을 때 진도 7의 지진이 나면 어떻게 하지' 등등 외출하면 내내 지진 생각만 들었다고 한다.

결국 2011년 가을, 아내에게 이주를 제안했다.

"예측이 맞을지 어떨지는 모르겠지만 한시라도 빨리 도쿄를 벗어나고 싶었어요. 좀 더 생존 가능성이 높은 장소를 찾고 싶었죠.

아내도 바로 찬성했습니다."

하루라도 빨리 도쿄에서 탈출하고 싶다

2011년 가을, 이이는 회사에서 퇴직하고 이주를 준비했다. 이이는 43세, 아내는 34세였다. 원격근무가 보급된 지금과 달리 당시에는 지방에 살면서 소득수준이 높은 도쿄의 회사에서 일한다는 것 자체를 상상하기 어려웠다.

일본의 원격근무 역사는 1990년 NEC(일본전기)가 전 사원을 대상으로 유연근무제도를 도입하여 주임직 연구자를 대상으로 재택근무제도를 채택한 데서 시작한다.

1996년 당시 노동성과 우정국은 NEC를 비롯한 민간기업 11개사와 민관 공동으로 '텔레워크 추진회의'를 설치하고 당시 휴대하기 시작한 컴퓨터를 이용한 새로운 노동형태 보급을 추진했다. 그러나 본격적인 원격근무 보급은 코로나 발생 이후부터라고 해도 과언이 아니다.

이이가 회사에서 퇴직하고 바로 방문한 곳이 독일, 네덜란드에 사는 친구였다.

지진은 지구 표면을 덮고 있는 판의 마찰 때문에 발생한다. 4개의 판 위에 놓여있는 일본은 세계적인 지진 대국이다. 전 세계의 진도 6 이상 지진의 약 20%는 일본 부근에서 일어난다. 반면 판의 경계에서 멀리 떨어진 유럽은 지진 위험이 낮다.

독일과 네덜란드를 방문하긴 했지만, 언어와 문화의 장벽을 느껴 편하게 살 자신이 없었다. 귀국 후 아내의 친척이 찻집 후계자를 찾고 있다는 말을 듣고 오사카부 센난 지역에 갔다. 점포와 필요 설비도 갖춰진 곳에 운영자만 없었다.

이이는 음식점 경영 경험이 없었지만, 다음 직장을 구할 수 없는 상태였기에 나쁘지 않다고 생각했다. 그러나 의외의 곳에서 복병이 나타나 좌절했다.

"가게를 그대로 경영해도 좋지만 이름만은 '왓키'로 해달라고 하더군요. 아내 친척의 학생 시절 별명이었습니다. 그 마음은 알겠지만, 우리 부부 이미지와는 맞지 않았어요. 결국 찻집 경영은 없던 이야기가 되고 말았죠."

그러나 생각지도 못한 우연이 발생하여 이야기가 재미있게 돌아갔다. 이주지를 정하지 못하고 여기저기 다니고 있었는데 아내의 부모님이 오카야마현 부동산 정보지를 가져왔다. 인터넷으로 오카야마현은 지진이 적다는 것을 알게 되어서 평소 가족에게 오카야마현 이야기를 한 적이 있었기 때문이다.

그 정보지 속에 '와케'라는 글자가 있었다. 아내가 찻집 이름을 와케라고 지으면 좋겠다고 말한 적이 있는데 기이하게도 그 말을 딱 발견한 것이다. 운명이라고 느낀 이이는 2011년 겨울부터 다음 해 5월까지 아내의 부모님과 함께 와케정에 다섯 번 방문하여 30곳 이상을 둘러보았다.

'어쨌든 하루라도 빨리 도쿄에서 탈출하고 싶다'는 마음에 일자리는 생각할 겨를도 없었다.

"가족이 월 20만 엔 정도는 벌 수 있을 것 같았고, 사치 부리지 않으면 살아갈 수 있다며 불안해하지 않았습니다. 무엇보다 수도 꼭지에서 나오는 물을 그대로 마실 수 있는 것이 가장 기뻤어요."

그렇다고 해도 한 집안의 가장으로서 가족을 안심시켜야 하니까 와케정을 오가며 구직활동을 하여 와케정 근처의 테마파크에 정사원으로 채용되었다.

2012년 6월, 이이 일가는 양가 부모와 함께 월세 5만 6,000엔의 공영주택으로 이주했다.

"없는 게 없는 도쿄에서 잘 살지, 왜 아무것도 없는 곳에 이사를 왔노?"

지금은 이주자가 넘쳐나는 와케정이지만 당시에 이이의 옆집 사람은 이렇게 묻곤 했다.

이주자가 이주자를 불러들이는 선순환

이주할 무렵 이이는 2-3년 살아보고 그래도 괜찮으면 하고 싶은 일을 하자고 생각했다. 이주 후 3년 동안에 아이도 태어나고 가족도 마을의 매력에 흠뻑 빠져서 결국 계속 살기로 결심했다.

"나처럼 도쿄에서 탈출하여 지진 위험이 낮은 오카야마로 이주하고 싶다는 사람이 많이 있다는 것은 알고 있었어요. 그런데 마을 의회를 방청하러 가면 인구감소 이야기만 하더라고요. 체제를 정비하고 잘 준비하면 사람을 불러들일 수 있을 텐데 말이죠."

결국 이이는 면사무소 이주추진원 배치 등 이주준비체제 만들기 제안서를 작성해서 경영과에 제출했다. 당시에 정부는 수도권 집중 대책으로 지방 인구감소 대응정책을 마련하고 있었다. 그중에 지자체가 이주코디네이터를 정부 예산으로 배치할 수 있다는 사실을 알게 되었다.

마을은 이주추진원 배치를 결정하고 일반 공모를 했다. 이이는 2016년 4월, 이주추진원(회계연도 임용직원)으로 채용되었다.

이이가 부임하기 전인 2015년 이주자는 28명이었지만 2016년 80명, 2017년 120명, 2018년 113명, 2019년 107명이 이주했으며 2020년에도 100명을 웃도는 기세라고 한다. 2017년 이후부터 전입초과가 되었고 특히 0-14세의 전입이 대폭 증가했다. 육아세대가 이주해

도시 버리기

오고 있는 것이다.

"특별한 것은 아무것도 하지 않았어요. 내가 이주할 때 해줬으면 하고 바랐던 서비스를 정비했습니다. 특히 도시에서 오는 이주자들은 몇 번이고 방문할 필요가 있습니다. 저는 가족과 양가 부모님을 모시고 다섯 번 왔었는데 왕복 교통비와 숙박비만 해도 총 100만 엔 가까이 들었습니다." (이데)

그렇게 이주자 눈높이에서 이주희망자가 올 때 숙박비와 시험주택을 준비하기도 하고 직접 차를 운전해서 마을을 안내했다. 이주자가 늘어난 지금은 이주자 평판이 다른 이주자를 부르는 선순환이 이루어지고 있다.

층간소음 고충

IT기업에 근무하는 다치바나 유코(立花優子, 가명, 30대)는 2020년 10월 도쿄에서 남편과 두 아이와 와케정에 이주했다. 이주를 결심한 것은 불과 5개월 전이다.

다치바나도 무역회사에 근무하는 남편도 긴급사태선언 발령 후에는 내내 집에서 원격근무를 했다. 어린이집도 휴원했다. 월세 10만 엔의 작은 맨션에서 온 가족이 집에서만 생활한 것이다.

부부가 일 때문에 종일 아이와 놀아줄 수는 없었다. 아래층에 사는 주민이 아이들의 뛰는 소리가 시끄럽다며 달려왔다. 그러다 보니 아이에게 주의를 줘야만 하는 상황이 너무 싫어졌다. 이사하고 싶어도 도쿄의 집세는 너무 비쌌다.

'애초에 도쿄에 꼭 있을 필요가 있을까. 도쿄를 벗어나고 싶다.'

"간사이 공립고교를 졸업하고 대학 진학 때문에 상경했을 때는 모든 것이 신기하고 매력적이었어요. 하지만 소비를 부추기는 도시의 거리 풍경에 서서히 지쳐갔습니다. 어디를 가더라도 '지금 유행하는 ○○', '○○ 행사합니다' 이런 식이죠. 물론 크리에이티브한 숍과 사람, 도쿄에서밖에 할 수 없는 체험도 있습니다. 하지만 아이에게는 자연환경에서 자유롭게 스스로 뭔가를 창조하는 경험을 주고 싶었어요."

첫째 아이가 생겼을 때부터 이주를 생각하기는 했다. 그러나 지방에 이주한들 특별한 기술이 있는 것도 아니었다. 이주지를 찾을 겸 여행을 가기도 하고 이주지원기관도 방문했지만, 쉽사리 망설임이 없어지지 않았다. 그러다 코로나로 망설임이 결심으로 바뀌었다.

도시 버리기

도쿄는 1년에 한 번 정도 가는 게 좋다

남편은 원격근무를 하기 어려운 업종이었지만 오히려 수입을 포기하고 이주에 마음이 쏠렸다고 한다. 이주지를 찾기 위해 남편이 검색한 키워드는 '지진 적음, 따뜻함, 이주'였다.

처음에는 부부의 출신지인 간사이 지역, 접근성이 좋은 아와지시마와 시코쿠, 히로시마를 생각했지만 다방면으로 검색한 결과, 생각지도 않았던 오카야마현이 후보로 올라왔다.

"오카야마는 기후가 온난하고 맑은 날이 많아요. 지진이 적고
원전에서도 멀죠. 그러한 관점에서 조사하다 보니 도쿄의 이주자
가 많은 와케정을 알게 되었어요."

다른 지자체에 비해 정보도 세세히 잘 알려둔다. 빈집뱅크 물건의 내부 모습을 유튜브에 올리는 등 편하게 이주 정보를 찾을 수 있다.

8월에 남편이 유급휴가를 받아서 3박 4일 일정으로 이주 후보지 여행을 떠났다. 우선 바다와 가까운 곳이 좋다며 고른 히로시마현 오노미치시(尾道市)에 갔고, 그다음으로 와케정을 둘러보았다.

와케정은 바다에서 떨어진 중산간지역이지만 산과 강으로 둘러싸인 풍경에 매료되었다. 이미 유튜브로 본 빈집뱅크의 임대물건을 현지에서 확인하고 마음을 정했다.

"정말 괜찮아."

남편은 라인 음성통화로 이렇게 말했다. 세 번째 후보지였던 효고
현 아와지시마는 들르지도 않고 도쿄로 돌아왔다. 집으로 돌아온
후 남편은 바로 사표를 내고 다치바나도 회사에 보고했다.

다치바나를 만난 것은 와케정에 이주한 지 두 달이 채 안 되는 무
렵이었다. 남편은 사업을 구상 중이고, 다치바나는 원격근무를 하
는 중이었다.

"이주자도 많고 폐쇄적인 느낌은 전혀 없어요. 역 근처에 상업
시설이 모여 있어서 편하죠. 그 외에 필요한 것은 아마존으로 사
면 되고, 주말에는 아이들과 근처에 놀러 가요. 도쿄에서와 달리
차로 이동하기 때문에 스트레스도 없어요. 도쿄에 가는 것은 6개
월에 한 번 친구를 만나러 갈 때 정도예요." (다치바나)

다치바나 가족은 월세 5만 엔의 단독주택에 산다. 아이는 집 안에
서 얼마든지 뛰놀 수 있다. 그런 모습을 보는 것이 무엇보다 기쁘다.

다치바나는 아이가 다니는 초등학교에 가본 적이 있다. 논의 용
수로 가장자리를 평균대처럼 균형 잡고 즐겁게 걸어갔다. 계절마다
산과 들녘의 색이 바뀌는 정말 아름다운 풍경이다.

"무 뽑아가!"

도시 버리기

근처 농가에서 아들에게 손짓했다. 책가방을 멘 아들이 아직 흙이 묻은 큰 무를 소중하게 안고 돌아왔다.

제4장

지역부흥협력대라는
이주 방법

중국 주재원 시절의 감염 확대

도쿄도 에도가와구 출신 소메야 데루오(染谷輝夫, 40세)는 2020년 7월 고치현 도사시미즈시(土佐清水市)로 이주했다. 대학 때 1년간 휴학하고 중국에 유학했고 졸업 후에는 유학 시절에 배운 중국어로 제조사와 상사에서 일했다.

소메야는 주재원으로 중국에서 일하고 싶었다. 직장에서 중국 출장을 갈 수 있었지만, 현지법인은 없었기에 중국 현지에서 주재원으로 일할 기회는 없었다.

그러나 꿈을 버리지 않고, 태어나 38년간 살던 도쿄를 떠나 오사카 시내에 있는 상사로 이직했다. 중국에 현지법인도 있는 곳이라 중국에서 주재원으로 일하기 시작했다. 그때 코로나가 발생했다.

"2020년 춘절 연휴에 귀국했습니다. 연휴가 끝나자 중국은 점점 감염자가 늘어 베이징에 돌아갈 수 없게 되었습니다. 오사카 본사에서 원격근무로 일을 재개했지만, 어시스턴트가 중국에 있었기 때문에 중국 현지에 가서 만나지 않으면 일을 진행할 수 없는 상황이었습니다."

2020년 3월, 베이징에 갔지만 양국이 출입국 제한을 엄격하게 했기 때문에 4월에 아예 귀국해버렸다. 2016년에 결혼하여 2020년 2월에 아이가 태어난 지 얼마 안 된 때였다. 소메야의 아내는 출산을 위해 친정인 도사시미즈시에 가 있었다.

일본에서도 감염이 퍼졌다. 귀국 후에는 도쿄 본가에서 원격근무로 일했지만 그렇게 급변하는 상황에서 앞으로의 인생에 대해 생각하게 되었다.

"일본에서도 감염이 확대되고 한동안 코로나가 계속될 것 같다. 이제까지는 일만 생각했지만 아이도 태어났다. 오사카시는 편리하고 좋지만 풍요로운 자연에서 아이를 키우고 싶다."

전업주부인 아내도 격려해주었다.

"무슨 일이 생기면 내가 어떻게든 해볼 테니 돈 걱정 하지 말고 잘 생각해봐요."

마흔 살을 앞두고 새로운 삶의 방식을 선택하기로 결심했다.

마흔 살이 되는데 괜찮을까요

장기휴가를 받아서 아내의 본가가 있는 도사시미즈시에 몇 번 가본 적이 있다. 한가로운 환경으로 아이를 키우기에는 안성맞춤인 곳이었다.

인구 약 1만 3,000명인 도사시미즈시는 도쿄 하네다공항에서 고치료마공항을 경유하면 5시간이 걸리는, 도쿄에서 매우 먼 시의 하나다. 시내에는 시코쿠 최남단 아시즈리곶(足摺岬)이 있고, 인구의 약 50%는 65세 이상의 고령자로 주요 산업인 어업도 쇠퇴하고 있다.

아내의 본가 가까이에 메지카부시(宗田節, 가쓰오부시의 일종) 제조공장이 있다는 것은 알고 있지만, 도사시미즈시에서 쉽게 일자리를 찾으리라고는 생각하지 못했다.

도쿄의 본가에서 이직활동을 시작한 5월에 아내가 연락했다.

"도사시미즈시가 지역부흥협력대를 모집하고 있어요."

시 홈페이지에서 육아 정보를 보던 중 발견했다고 한다. 그때 지역부흥협력대라는 말을 처음 알았다. 모집 내용은 이주촉진에 관한 상담 대응과 이주지원 이벤트 기획·실시, 이주 정보 안내 업무였다.

이제까지 회사원으로 회사의 이익을 위해 살아왔는데 새삼 누군가에게 힘이 되는 일을 할 수 있다는 사실에 흥미가 생겼다. 임기는 3년으로 그 이후의 불안은 있었지만 바로 시청에 문의했다. 모집 요강에 연령이 40세 미만이라고 되어 있어 7월 30일생인 소메야는 날이 촉박했다.

"바로 마흔 살이 되는데 괜찮을까요?"

괜찮다는 응답을 받은 소메야는 회사를 그만두고 7월 중에 지역부흥협력대를 하기 위해 도사시미즈시로 이주했다. 급여는 월 14만 3,612엔으로 전 직장에 비하면 대폭 줄었다. 그래도 월세 4만 엔의 단독주택 임대료를 시가 부담하고 쌀과 채소, 생선 등은 처가와 이웃에서 줄 때가 많아서 적금을 깨지 않고 생활할 수 있다.

이주자인 자신이 이주자를 지원하는 상황이 되었다.

"상담 업무를 하면서 이주자 대상의 시험거주 시설을 안내하고 SNS로 정보 안내도 합니다. 이주희망자가 관심을 가질 수 있도록 빈집 개척도 하고 싶어요."

도쿄에서는 거의 운전하지 않았지만, 지금은 운전도 하면서 정중하게 이주자 응대를 하려고 노력 중이다.

지역부흥협력대는 무엇인가

소메야는 지역부흥협력대 제도에 대해서 이렇게 말했다.

"지방이주를 생각할 때, 그것을 독려하는 제도임에는 틀림없어
요."

총무성은 2009년 지역부흥협력대 제도를 시작했다. 이를 도입한
배경은 다음과 같다.

'인구감소와 고령화가 심화하는 지방이 지역력을 유지하고 강
화하기 위해서는 인재 확보가 특히 중요하다.
삶의 질과 풍요로움을 지향하는 이 시대에 풍부한 자연환경과
역사, 문화 등이 있는 지역에서 생활하며 지역사회에 공헌하는 것
에 관해 모든 도시인의 관심이 고조되고 있다.
따라서 외지 인재를 적극적으로 유치하여 정주를 늘리는 것은
도시의 수요에 부응하며 지역을 발전시키는 효과적인 방안이다.'

지역부흥협력대 임기는 1년 이상 3년 이하이며 지자체에서 위탁받
아 지역에서 생활한다. 활동 내용은 다양하다. 관광자원 기획·개
발, 고령자 생활지원, 빈집·빈 점포 대책, 이주자 지원, 농축산·임어
업 종사 등 말 그대로 '지역부흥' 활동을 한다.

도시 버리기

취지에 밝혀진 대로 도시에서 지방으로 사람의 흐름을 만드는 일도 주요한 목적이다. 단, 지역 요건을 제한하고 있는데, 전출지는 3대 도시권의 도시*와 정령지정도시(政令指定都市)**여야 한다. 전출지가 「과소지역 자립촉진 특별조치법」과 「낙도진흥법」의 대상 지역을 가진 시정촌이어서도 안 된다.

3대 도시권 외에 정령지정도시에 포함된 곳은 삿포로시, 구마모토시, 센다이시, 니가타시, 시즈오카시, 하마마쓰시, 오카야마시, 히로시마시, 기타큐슈시, 후쿠오카시다.

한편, 전입지는 3대 도시권 외의 모든 시정촌과 3대 도시권 내의 조건불리지역이어야 한다.

지역부흥협력대 초기인 2009년에는 대원 수 89명, 31개 단체였지만 2019년까지 대원 수 5,503명, 1,071개 단체로 늘었다. 정부의 '마을·사람·일 창생기본방침 2020'에서는 지방이주 추진책의 하나인 지역부흥협력대의 확충을 내걸며, 2024년까지 대원 수를 8,000명으로 늘릴 방침이다.

---

*사이타마현, 지바현, 도쿄도, 가나가와현, 아이치현, 미에현, 교토부, 오사카부, 효고현 및 나라현 구역 전체.
**많은 분야의 행정서비스 권한이 도도부현에서 이양되어 시가 주체적으로 행정을 할 수 있는 도시. 2020년 기준으로 전국에 20개 정령지정도시가 있다. (역주)

60%의 대원이 종료 후 정주

정부가 이렇게 노력하는 것은 지역부흥협력대가 일정 성과를 올리고 있기 때문일 것이다. 2019년 3월 31일까지 임기를 마친 지역부흥협력대는 4,848명인데 임기 종료 후 약 60%가 활동 지역 또는 주변 시정촌에 정주하고 그 가운데 세 명 중 한 명꼴로 창업하고 있다.

2019년 통계를 보면 남성 60%, 30대(40.4%), 20대(31.7%), 40대(19.6%), 50대(6.3%), 60대 이상(1.9%), 10대(0.1%) 순으로 20-30대가 전체의 70%를 차지한다.

물론 임기 중 퇴직자도 적지 않다. 2019년 1년간 604명이 임기 도중에 퇴임했다. 그중 106명이 '받아들이는 지역·받아들이는 지자체·대원' 3자 간의 미스매칭을 이유로 들었다.

이 문제를 해결하기 위해 총무성은 2016년 9월 '받아들이는 지역·받아들이는 지자체·대원' 3자가 고민을 상담할 수 있는 '지역부흥협력대 상담지원 창구 서비스'를 시작했다. 지역부흥협력대 대원을 했거나 지역부흥협력대를 받았던 지자체 그리고 전문 상담원이 상담을 한다.

또한 2019년에는 대원으로서 활동하기 전에 일정 기간 체험하면서 지역과 협력할 수 있는 '시험 지역부흥협력대'를 창설하여 미스매칭의 문제해결을 위해 노력하고 있다. 2021년부터 2주-3개월간 지역부흥협력대원으로 일하는 인턴제도도 시작했다.

도시 버리기

임기 종료 후의 대원 동향

거주지

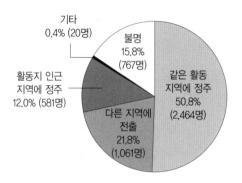

기타
0.4% (20명)

불명
15.8%
(767명)

같은 활동
지역에 정주
50.8%
(2,464명)

활동지 인근
지역에 정주
12.0% (581명)

다른 지역에
전출
21.8%
(1,061명)

진로

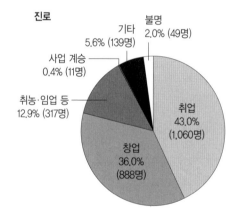

불명
2.0% (49명)

기타
5.6% (139명)

사업 계승
0.4% (11명)

취농·임업 등
12.9% (317명)

취업
43.0%
(1,060명)

창업
36.0%
(888명)

＊출처: 총무성. 2019. 「지역부흥협력대 정주 상황 등에 관한 조사결과」.

"사회인 참여를 유도하기 위해 주말에 참가할 수 있는 2박 3일 프로그램을 제안한 지자체가 많았지만, 단기 프로그램으로는 충분히 체험하기 힘들다. 그래서 응모자 저변 확대를 위해 중장기 인턴제도를 만들었다." (총무성 지역자립응원과 담당자)

최대 연간 보수는 280만 엔

소메야의 월 급여는 14만 3,612엔이다. 그렇다면 대원의 보수는 어떻게 결정할까.

지역부흥협력대 예산은 지방교부세 중에 정부가 지급하는 재해 등 긴급 지출을 위한 특별교부세로 책정되어 대원 1인당 최대 경비는 44만 엔이다. 이외에도 대원 모집 경비를 1개 지역당 최대 200만 엔, '시험 지역부흥협력대' 운영 경비를 1개 지역당 최대 100만 엔 지급한다. 2021년부터 시작한 인턴제도를 운영하는 곳에도 1개 지역당 최대 100만 엔, 인턴 활동 경비는 한 명이 하루 활동하는 데에 최대 1만 2,000엔을 조성한다.

2020년 현재 대원 한 명당 경비 내용은 대원 급여가 240만 엔이고 그 외 경비가 200만 엔이 있는데, 그 외 경비에는 활동 여비와 정주를 위한 연수 비용이 포함되어 있다. 보상비는 1명당 경비 상한액은 변함없고, 대원 기능에 따라 최대 290만 엔까지 지급할 수 있다. 또한 이 보상비의 상한은 2021년에는 270만 엔이었지만, 2023년 이후에는 280만 엔까지 인상한다.

도시 버리기

2020년 4월부터 민간기업에 정규 직원과 비정규 직원의 불합리한 대우를 해소하는 '동일노동 동일임금제'가 도입되었다. 공무원 세계에도 정규 직원과 비정규 직원의 대우를 조정하는 '회계연도 임용직원제'가 도입되어 민간기업 보너스에 해당하는 기말·근면 수당과 퇴직금이 가산되었다. 지자체와의 고용관계 없이 개인사업주로 활동하는 지역부흥협력대도 있지만, 대원 대부분은 지자체와 고용계약을 맺고 회계연도 임용직원으로 활동하고 있다.

무엇보다 보상비=지역부흥협력대의 급여가 아니다. 어디까지나 상한액이며 급여는 지자체마다 다르다. 지역부흥협력대 제도 설계에 참여한 히로사키대학 히라이 타로(平井太郎) 교수(사회학)는 이렇게 말한다.

"지역부흥협력대 보수가 너무 높다는 지적이 있었다. 예를 들어 아오모리현은 도입까지 3년이나 걸려 2012년에나 지역부흥협력대를 실시할 수 있었다. 보수 문제 때문에 도입이 지연된 것이다.

또한 제설차 운전면허 등의 자격증을 세금으로 따게 하는 게 맞냐는 문제제기도 있었다.

지역부흥협력대를 도입하는 지자체에 성과 보수로 1년마다 보수를 지급하기도 하고 제 수당으로 그 차이를 메우는 등 지역에 따라 다양한 운용이 필요해지기도 했다."

종료 후 창업·사업 계승하면 100만 엔 지원

또한 대원은 겸업·부업을 할 수 있다. 일반사회법인 이주·교류추진기구의 조사(인터넷 조사. 전국 지역부흥협력대 1,686명 응답)에 의하면 겸업·부업 경험이 있는 대원은 전체의 49%에 달하며 평균수입은 79만 엔이지만, 평균 19만 엔과 100만 엔 이하도 15%는 되는 것으로 나타났다.

겸업·부업을 하는 이유(복수 응답)는 '임기 종료 후에 창업·사업하기 위한 준비를 위해서'가 74%, '생활비 충당'이 58%로 나타났다.

한편 겸업·부업을 할 수 없다고 응답한 254명의 53%는 '제한하기 때문에 못했다' 또는 '제한은 없지만 어떤 이유로든 양해받지 못했다'는 두 가지 이유를 제시했다. 나머지 47%의 76%는 '시간이 없다, 여유가 없다' 등을 이유로 꼽았다.

겸업·부업 허용 여부는 지자체장이 판단하는 것이다. 부업을 하면 3년이라는 기한이 있더라도 지방 생활의 수입을 충분히 확보할 수 있긴 하다.

대원의 거주비와 차량 유지비는 보상비와 별도의 '그 외 경비'에서 지급되는 경우가 대부분이고 보상비는 자유롭게 사용할 수 있는 가처분소득이다.

보상비는 2023년부터 최대 280만 엔이 되어 실질소득이 월 20만엔 가까이 되는 경우도 있다. 임기 종료 후에 창업 또는 사업 계승을 하면 한 명당 최대 100만 엔을 별도로 지원한다.

2021년에는 지역부흥협력대와 별도로 '지역프로젝트 매니저'라는 제도를 시작한다. 지역부흥협력대 경험자와 지자체 그리고 지역과 깊은 관계를 갖은 전문가를 대상으로 지역 외부와 지역 및 행정을 연결하는 인재를 모집한다. 보상비와 그 외의 경비 내용은 불분명하지만 한 명당 최대 650만 엔의 경비를 지원한다.

> "인구가 적은 농촌으로 갈수록 시정촌 합병으로 인해 행정과 지역의 거리가 멀어졌어요. 지역과 행정, 그리고 지역부흥협력대 3자의 팀 빌딩을 할 수 있는 가교형(bridge) 인재가 필요합니다." (히로사키대학 히라이 타로 교수)

지금까지 본 것처럼 코로나 이주에 관여하는 것은 대기업과 IT 관련 기업의 회사원들이 대부분으로 그 대상이 한정적이다. 일자리와 거주가 해결되지 않으면 이주를 시도하긴 어렵다. 그런 가운데 지역부흥협력대 제도는 코로나 상황의 구체적인 이주지원정책으로 주목받고 있다.

코로나 상황에서 3배 이상이 지원

교토부에 인접한 인구 약 8만 명의 효고현 도요오카시(豊岡市)는 바다와 산이 풍부한 자연환경에 둘러싸여 있다. 기노사키 온천(城崎温泉), 다케노 해수욕장, 간나베 스키장 등의 관광지가 있고, 국가

지정 특별천연기념물 황새가 서식하며 사람과 공존하는 야생 복귀를 목표로 하는 일들을 진행하는 것으로도 유명하다.

도요오카시는 2014년부터 지역부흥협력대 채용을 시작했다. 2020년 말 기준으로 대원 48명을 채용했고, 임무 종료 후의 정주율은 100%다. 2020년 6월 29일부터 7월 19일까지 12개 업무 부문에서 17명을 모집했는데 정원의 3배가 넘는 56명이 지원했다.

지원자는 21-47세로 농업 활성화 업무(정원 2명)에 9명, 전통공예·도자기 기법 전수와 PR 업무(정원 1명)에 6명, 주변 지역 활성화와 취약세대의 관계인구 창출 업무(정원 1명)에 5명이었다.

"수도권 긴급사태선언이 해제되고, 감염 확대가 조금 진정된 시기이기는 하지만 이렇게 많이 지원했다고 해서 놀랐습니다. 2019년 말에 모집할 때는 정원의 1.5배가 지원했으니까요. 확실히 코로나 확산 정도가 영향을 미치는 것 같습니다. 도시에서 여러 가지 경험을 한 재미있는 사람이 마을을 활성화해주면 좋겠습니다."

[오기시 유카(大岸由佳) 도요오카시 환경경제과 정주촉진계 직원]

가토 나쓰미(加藤奈紬, 25세)는 정원 3명에 10명이 지원한 도요오카연극제의 기획·운영 업무에 채용되어 2020년 8월에 도요오카로 이주했다. 도요오카시는 'Local & Global City'를 실현하기 위해 '깊이 있는 연극 마을'을 목표로 세웠다.

이에 2019년에는 55년 만에 새로운 고등교육기관이 탄생했다. 실

천적인 직업교육을 하는 전문직대학과 전문직단기대학이다. 2021
년 4월에는 예술문화와 관광으로 지역에 활력을 불어넣는 전문 직업
인을 육성하기 위해 연극을 필수과목으로 하는 예술문화관광전문
직대학(도요오카시 산노우정)이 개교하고, 초대 학장에 세계적으로도
저명한 극작가·연출가인 히라타 오리자(平田オリザ)가 취임한다.

   히라타 선생은 자신이 활동하는 극단 '청년단'을 데리고 2019년에
도요오카시로 이주했다. 히라타 선생은 5년 만에 아시아 최대, 10
년 만에 세계 유수의 국제연극제를 만드는 것을 목표로 2019년 9월
에 제0회 '도요오카 연극제'를 사전 개최했고, 2020년부터는 본격적
으로 개최하고 있다.

인터넷 TAM에서 모집 공고를 보다

   지역부흥협력대로서 2020년 8월부터 도요오카연극제의 기획·운
영 업무를 시작한 가토의 이야기로 되돌아가 보자.

   나고야 출신인 가토는 간사이의 예술대학을 졸업하고 아일랜드
와 영국에서 어학연수를 했다. 2019년 4월에 도쿄의 제작 프로듀스
회사에 취직했고, 난방비 포함 월세 52,000엔인 요코하마 시내의 여
성 전용 공유주택에 살면서 메구로구에 있는 회사로 출퇴근했다. 입
사 후 바로 이벤트 기획 선전을 시작하여 해외 방문객 모집 등 여러
가지 업무를 맡아 수행하며 충실한 나날을 보냈다.

   그러나 코로나 발발로 상황은 급변했다. 매월 개최하던 이벤트는

연기되고, 일본에서도 감염이 확산한 2020년 3월에는 관계자들에게 이벤트 중단 연락을 하는 것만으로도 바빴다. 긴급사태선언이 발령된 4월에는 모든 활동이 일시 정지 상태에 들어갔고, 근무지의 사장과 개별 면담을 했다.

"전망이 보이지 않는 상태다. 이후에 어떻게 하고 싶습니까?"

직장뿐 아니라 경제도 정지됐다. 도쿄에 있더라도 어찌할 수 없어서 고향 나고야로 돌아가 미래를 불안해하며 고민하던 나날이었다. 가토는 계약사원으로 입사하여 7월 말에 담당 업무가 끝나면 계약을 갱신해야 하는 상황이었다. 기왕 그렇게 되었으니 학창 시절에 인연이 있던 연극계의 지인이 많이 있는 간사이 지역으로 갈까 하고 생각했다. 그러나 사회 전체의 모든 상황이 여유가 없고 회복 기미도 느껴지지 않았다.

계약 만료까지 휴업 기간에도 월급의 100%를 받아서 곧바로 경제적인 문제에 처하진 않았지만 어쨌든 직장은 구해야만 했다. 예술경영전문정보 웹사이트 '인터넷 TAM'에 새로운 구인 정보가 나왔는지 매일 검색했다. 그곳에서 7월 초에 발견한 것이 도요오카시의 지역부흥협력대 모집 공고였다.

"예전부터 장소 만들기에 흥미가 있어 지역부흥협력대의 일은 알고 있었는데 마침 연극에 관한 대원을 모집한다고 하니 '이거다!' 했죠. 그날 바로 응모 서류를 쓰기 시작했습니다."

대원 활동하면서 부업도 가능

서류심사와 온라인 면접을 거쳐 채용되었다. 제1회 도요오카연극제는 9월 9일에 개막하기 때문에 "가능하면 빨리 와주길 바란다"라는 시의 요청도 있어 8월 8일에 살 집을 구하러 도요오카시에 처음 갔다. 그 후에는 연극제 사무국 업무와 고객 안내, 출연 예술가 대응 등의 활동으로 분주했다.

도요오카연극제에서는 세계적으로 활동하는 극단 등 약 30개 단체가 모여 극장 공연을 하고, 도요오카시의 관광명소와 지형을 무대로 한 옥외 공연도 한다. 공연장과 제일 가까운 JR 에바라역 앞 광장에서는 주말에 '야간 마켓'이 열려 관광객과 지역주민들도 북적였다.

출연자는 PCR 검사를 하고, 사람이 밀집되지 않도록 식전 행사를 하지 않고, 관객은 먼저 와서 기다리지 않는 등 가이드라인이 엄격한 코로나 분위기에서 개최되었지만, 전국에서 6,547명의 관객이 모였다.

히라타 오리자는 연극제에 대해 "산업 부문도 마찬가지이지만 도쿄에서 문화 활동이 정지된 지금이야말로 지방에서 활동한다는 백업 기능이 중요하다. 중간에 짬짬이 관광도 즐기는 연극제로 더욱 발전시키고 싶다"라고 말했다. (《고베신문》, 2020년 9월 23일)

연극제가 끝나면 나이트마켓으로 북적거리던 역 앞도 한산해진다. 문 닫은 상점가의 모습조차 왠지 처량 맞게 느껴진다.

"연극제로 재확인한 지역자원을 더욱 살려 항상 마을을 활성화할 수 있는 기획을 하고 싶다. 지역주민과 함께 공동으로 연극제사무국 개설도 준비하고 있다. 앞으로는 전문직대학에 다니는 대학생도 마을에 올 테니 세대를 초월한 연대도 쌓고 싶다." (가토)

지역부흥협력대원으로서 가토의 월급은 21만 엔이다. 주차장 포함 월세 65,000엔의 주거비는 경비로 지급된다. 차는 리스로 빌리고 그 임대료도 경비로 지급된다. 사적인 활동이 아닌 지역부흥협력대 활동으로 사용한 만큼의 주유비도 지급된다.

가토는 시와 고용계약한 것이 아니라 개인사업주로 활동한다. 국민건강보험과 국민연금은 전액 자기부담이지만 실수령액은 15만 엔 이상이다.

"도쿄의 공유주택에 살던 때는 급여도 적고 매일 생활비를 쓰면 대부분 돈이 남지 않았기 때문에 부모님이 통신비를 지원해주기도 했어요."

월 140시간 동안 지역부흥협력대로 활동하면 겸업·부업도 가능하다. 그만큼 수입도 늘어 대원 임기가 끝나는 3년 후를 대비한 저

　　　　　　　도시 버리기

축도 시작했다.

> "채소는 농가에서 나눠주셔서 식비는 꽤 줄었어요. 일교차가 큰
> 지역이라서 도시보다 난방비는 많이 들지만 2주에 한 번은 교토
> 와 오사카에 연극을 보러 가는 등의 여유도 생겼어요. 지역부흥협
> 력대원으로 지원받는 동안에 이 활동이 끝나는 3년 후에도 이 지
> 역에서 계속할 수 있는 마을과 나의 관계방법을 생각 중입니다."

퇴임 후에 비영리법인 설립

지역부흥협력대는 지역에 공헌하는 직원이 아니다. 임기 종료를
하지 않고 취업할 수도 있고 창업할 수도 있다. 임기를 마치고 정주
하여 새로운 사람을 불러들이는 활동을 하는 대원도 있다.

비영리법인 다케노카조쿠의 고타니 후요(小谷芙蓉, 34세) 이사장
은 도요오카시의 지역부흥협력대원이다. 활동 거점인 도요오카시
다케노정의 다케노하마 해수욕장은 일본 물놀이 명소 100선에도 선
정된 유명한 곳이다.

다케노카조쿠는 주로 마을의 빈집 관리·활용과 이주자 교류 사
업을 한다. 이주자를 늘리기 위해 지역의 빈집과 일자리 정보를 안내
하고, 이주희망자 상담도 한다. 2019년에는 세 곳의 빈집을 관리하
며 이주자 등이 활용하게 하고 있다.

2019년부터는 특산품 개발·판매사업도 시작했다. 어망과 어선의

스크루에 달라붙어 어민들의 골칫거리인 해조류를 건조한 '해조미인 건조 아카모쿠'도 판매하는데 식물섬유와 미네랄이 풍부하여 건강 식품으로 인기다.

2019년 사업수입은 약 680만 엔이며 상근직원은 고타니 혼자지만 비영리활동만으로 생계를 유지할 수 있는 정도의 급여는 줄 수 있다.

"코로나 후에 이주 상담이 늘었습니다. 간사이 지역뿐만 아니라 도쿄에서 이주한 가족도 있습니다. 하지만 이주자를 받고 싶어도 살 장소가 없는 것이 문제입니다. 그래도 약간 수리하면 빈집을 쓸 수 있으니까 그렇게 이주자를 받아들이는 체제를 강화하여 이 멋진 마을을 많은 사람에게 알리고 싶습니다."

지역부흥협력대가 지역에 뿌리내리고 이주한 대원이 다시 사람을 불러들이는 것이 가장 이상적인 흐름일 것이다. 고타니와 이주지원 활동을 하는 선배 대원 등 도요오카시 이주자는 2020년 12월 기준 75명으로 2019년 56명을 크게 웃돌고 있다.

고위 관료에서 지역부흥협력대로

고타니는 요코하마 출신이다. 대학을 졸업하며 자연환경 관련 활동을 하고 싶어서 2009년 4월 환경성 공무원이 되었다.

처음에는 도쿄 본청에 근무했고 3년 차부터는 현장 레인저로서 국립공원 관리 업무를 맡았다. 그곳이 바로 다카노정을 포함한 산인해안국립공원이었다. 서쪽 돗토리시에서 동쪽 교탄고시에 이르는 산인해안국립공원의 관리사무소는 다테노정에 있었다.

도시에서 자란 고타니에게 다테노정의 생활은 모든 것이 신선했다. 춘하추동의 조화가 있고 바다도 산의 모습도 다채로웠다. 여름은 관광객으로 붐빈다. 다케노하마 해수욕장을 걸어서 갈 수 있고 아름다운 바다를 마치 개인 해수욕장처럼 사용할 수 있는 호사스러움을 느낄 수 있다.

환경청 직원으로서 국립공원 내에 휴대전화 통신탑을 세울 때 허가 처리 등 관리 업무도 많았지만, 레인저로서 지역주민과 소통하며 국립공원 이용 활성화를 위해 산책로를 정비하는 일 등은 매우 즐거웠다.

다만 그 생활도 오래가지 않았다. 다케노에서 3년 근무를 마치고 2014년 4월 다시 도쿄 본청으로 돌아가게 되었다. 만원전차를 피할 수는 없지만 본청에서 4개 역 정도 거리에 있는 집을 얻었는데, 월세 10만 엔으로 다테노정과는 정반대의 좁은 공간에서 생활하게 되었다.

본청 일은 고되다. 특히 국회 회기 중에는 야당 의원으로부터 질의서를 받고 질문 의도를 파악하기 위해 방문하기도 한다. 그렇게 답변서를 작성하고 장관의 답변 요지도 작성하는 등 국회 대응만으로도 날을 새는 때가 많다. 고타니는 그 시절을 이렇게 회상한다.

"아침 9시 정도에 출근하여 빠르게 퇴근하는 날이 밤 10시 정도였어요. 국회 대응 등으로 늦어지면 막차가 끊겨 택시를 타기도 했죠. 주말 출근이 필요한 때도 있어서 이대로 일하면 몸이 상하겠다는 생각이 들었습니다."

좋아하는 마을에서 젊은이가 사라지는 것이 슬프다

'나는 무엇을 하는 걸까?'

공무원 선배들도 자신이 목표로 하는 롤모델은 아니었다. 자연에 둘러싸인 장소에서 일하고 싶었다. 다테노에서의 생활이 그립기만 했다.

7월에 휴가를 받아 다케노하마 해수욕장에서 개최하는 다케노 해상불꽃놀이를 보러 갔다. '역시 여기에서 살고 싶다. 그렇지만 어떻게 생계를 꾸려가야 좋을까.'

다케노정에서 일하던 시절에 친했던 지역주민에게 상담하자 마을 사무소가 지역부흥협력대원을 모집한다고 알려주었다.

망설임은 없었다. '내가 좋아하는 마을에 젊은이가 줄어드는 것이 슬프다. 그런데 내가 무엇을 할 수 있을까. 3년 임기 동안 궁리해보자'고 생각했다.

고타니는 환경성을 퇴직하고 2015년 4월에 도요오카시로 이주했

고타니

다. 급여는 166,000엔이었고 주거비는 시가 활동 경비로 부담해주었다.

대원 부임 후에 시내의 관광안내 시설 개선에 관여하기도 하고, 해안의 지질유산을 둘러볼 수 있는 카누 여행 기획도 했다. 다시 생활을 시작한 다케노정은 산과 바다로 둘러싸여 신선한 생선과 채소를 지역 커뮤니티에서 얻을 수 있는 '정말 호사스러운 환경'이었다. 왜 이렇게 멋진 마을인데 젊은이가 도시로 갈까 하고 의아한 생각이 들었다.

내가 무척 좋아하는 이 마을을 모두에게 알리고 싶다고 생각하며 2년 차에 비영리법인인 다케노카조쿠를 설립했다. 대원을 그만둔 뒤 알고 지내던 남성과 결혼하고 저가에 고민가*를 구입하여 스스로 수리했다. 앞으로도 계속 다케노정에서 살 예정이다.

고타니는 지역부흥협력대 제도에 대해 이렇게 말한다.

"무언가 하고 싶은 일이 있으면 아직 잘 모르더라도 시골살이
를 시작할 수 있는데, 지역부흥협력대는 3년의 준비 기간인 셈이
죠. 활동하면서 지역과 관계를 만들기도 하고 지역의 니즈를 파
악할 수도 있습니다. 지역생활을 동경하는 사람은 잘 활용한다
면 유용한 제도라고 생각합니다."

지원자의 과반수가 스마우토 사이트 경유

코로나 이주는 IT 관련 벤처기업의 이야기로 자신과는 관계없다
고 여기는 사람도 지역부흥협력대라는 이주 방법에는 흥미가 있지
않을까.

모집 광고는 어디에서 찾을 수 있는지 궁금해하는 사람도 있을 것
이다. 이주·교류추진기구의 조사에 의하면 지역부흥협력대 정보를
얻는 곳은 지자체 홈페이지 50%, 가족·친척·친구·지인 등이 33%,
이주·교류추진기구 홈페이지 30% 순이다.

코로나 환경에서 이주 열기 고조와 함께 2거점 생활을 지원하는 서
비스나 이주와 사업 계승을 매칭하는 웹사이트도 속속 생기고 있다.

---

* 古民家, 옛날에 지은 오래된 민가. (역주)

정원 17명에 56명이 지원한 도요오카시의 지원자 중 28명은 지역 이주와 관계인구를 매칭하는 웹사이트 '스마우토(SMOUT)'에서 정보를 얻었다. 도요오카시뿐만 아니라 지역부흥협력대 모집 루트로써 지자체들이 많이 이용하는 사이트다.

SMOUT는 지자체, 지역 사업자, 개인 등이 이주자와 지방에 관심이 있는 사람을 모집하여 직접 스카우트할 수 있는 스카우트형 매칭 서비스다. 지역부흥협력대 등의 구인 정보뿐만 아니라 이벤트 공지, 게스트하우스 안내 등 프로젝트 베이스로 여러 가지 정보를 제공한다.

이용자가 프로젝트에 '관심 있음'을 누르면 프로젝트 제안자가 직접 이용자에게 연락할 수 있다. 592개 지역이 이용하고 이용자 평균 연령은 34.4세다(2021년 1월 14일 기준). 2020년 5월 긴급사태선언이 해제된 후에는 2019년보다 2배 많은 매월 1,000명 정도가 등록하고 있다.

지역부흥협력대 모집 프로젝트는 매년 증가하여 2019년 4-12월까지 214건이었던 것이 2020년에는 434건이 등록되었다. 스마우토를 운영하는 주식회사 카약의 나카무라 게지로(中村圭二郎) 지역자본주의사업부 디렉터는 이렇게 말했다.

"구인 매체의 모집 광고만으로는 지원이 적기 때문에 프로젝트를 추진하는 지자체가 많은 편입니다. 기존의 구인 매체는 지금 있는 장소에서 움직이는 것을 전제로 이용하는 사람이 많은 것 같습니다."

그는 스마우토가 제공하는 서비스에 대해 이렇게 말했다.

"스마우토는 이주와 지역에 관심이 있는 사람을 대상으로 하는 구인 미디어 및 지역과의 소통 툴입니다. 스카우트를 받은 지자체와 직접 연락할 수 있고, 마을이 제공하는 다른 프로젝트 등을 통해 그 마을과 거기에서 활동하는 사람의 모습을 알 수 있습니다."

지역부흥협력대 모집에 성공하는 대부분의 지자체가 지역 이벤트와 세미나, 숙박시설 안내 등 복수의 프로젝트를 하고 있다고 한다. '인구감소에 따른 일손 부족을 해소하기 위해 지역부흥협력대를 모집한다'는 식의 단순 모집 광고로는 사람이 모여들지 않는다. 그 마을의 활기와 매력이 전해지는 주변 정보가 중요한 것이다.

유튜버를 모집하는 지자체

지역부흥협력대는 어떤 분야에서 모집을 할까. 이주·교류추진기구 홈페이지를 보면 2021년 1월 8일 이 책의 집필 시점을 기준으로 365개 지자체의 지역부흥협력대 모집 정보가 있다. 지원하고 싶다면 자기 정보를 등록하여 지자체가 연락하게 할 수도 있다.

지역부흥협력대 활동은 다음과 같다. 지역 커뮤니티 활동, 특산품

홍보, 관광자원 기획·개발과 이주지원, 농림수산업 담당 등의 활동이 많고, 각 지역 고유의 과제를 해결하려는 모집과 유튜버를 모집하는 지자체도 있다. 예를 들어 이런 식이다.

[이와테현 구즈마키정]

- 산촌유학생의 식사, 입욕, 세탁, 청소 등 기숙사 생활 전반에 걸친 지도와 개별 상담 대응
- 산촌유학생 기숙사 홍보, SNS, 매스컴 취재 대응 등 정보제공

[지바현 오타키정]

- 유해 조수 대책 업무(유해 조수의 포획에서 가공 관련 기술 습득 등)
- 포획한 유해 조수와 지역산업을 활용한 상품 개발, 판매, 프로모션 등

[도치기현 마시코정]

- 새로운 도서관 기본계획 만들기
- 이동도서관의 도입, 운영

[나가노현 아즈미노시]

- 시가 추진하는 자연육아를 지원하기 위해 아즈미노시 공립어린이집에서 보육사로 활동
- 자연육아의 매력을 알리고 브랜딩

임기 종료 후 정주한 대원의 동향

창업	
음식서비스업(폐가 개조 카페, 농가 레스토랑 등)	151명
미술가(공예 포함), 디자이너, 사진가, 영상촬영자	110명
숙박업(게스트하우스, 농가민박 등)	104명
6차 산업(멧돼지·사슴 식육 가공·판매 등)	79명
소매업(베이커리, 피자 이동판매, 농작물 통신판매 등)	73명
관광업(투어 안내, 일본 문화 체험 등)	51명
마을 만들기 지원업(마을지원, 지역브랜드 만들기 지원 등)	42명
사업 승계	
주조, 민박 승계 등	11명
취업	
행정 관련(지자체 직원, 의원, 마을지원원 등)	302명
관광업(여행업, 숙박업 등)	120명
농림어업(농업법인, 삼림조합 등)	86명
지역만들기, 마을 만들기 지원업	74명
의료·복지업	53명
소매업	46명
제조업	43명
교육업	36명
음식업	33명
취농·취림업 등	
농업	262명
임업	31명
축산업	12명
어업·수산업	4명

＊출처: 총무성. 2019. 「지역부흥협력대 활동 조사결과」.

[아키타현 히가시나루세촌]

- 마을의 채널을 유튜브 등에 개설하여 마을 홍보 영상을 월 2편 이상 게시
- 채널 등록자 수 1,000명 이상을 목표로 활동

정부도 지역부흥협력대를 확대할 방침이며 모집 내용은 이처럼 다양하다. 다만 3년이라는 임기가 불안한 사람도 있을 것이다. 임기를 끝낸 지역부흥협력대의 약 60%가 정주한다고 하지만 그들은 지금 무엇을 하고 있을까.

총무성 조사에 의하면 음식서비스업 창업이 제일 많고, 행정 관련 취업(지자체 직원, 의원, 마을지원원 등)도 많다.

시골에 일이 없다는 것은 거짓말

니가타 남부의 인구 약 5만 1,000명의 도카마치시(十日町市). 일본 유수의 대설 지역이며, 고령화와 인구감소 지역이다. 지역부흥협력대의 연수와 지원을 담당하는 일반사단법인 사토야마프로젝트의 고야마 도모타카(小山友誉, 42세) 대표는 이렇게 말한다.

"2021년에 8명을 신규 채용하여 총 16명이 일할 예정입니다. 도카마치시에 인연이 있는 사람, 니가타현을 좋아하는 사람, 수도권 등에서의 지원이 많습니다. 지원자들을 상담해보면 '도쿄는 인

제 그만, 시골에 살고 싶다'는 의욕을 강하게 표현하더군요."

마쓰시로 지역에서는 지금까지 지역부흥협력대 13명이 임기를 마쳤고, 그 가운데 11명이 정주했다. 고야마도 그중 하나다.

"시골에 일이 없다는 것은 거짓말입니다. 정말 바빠요. 나같이
대학도 못 나오고 겉돌던 사람이라도 시골에서는 할 일이 많아
요. 이렇게 10년 이상 살아왔습니다."

고야마는 도쿄도 네리마구(練馬区) 출신으로 고등학교 졸업 후에 주유소에서 4년간 아르바이트를 했다. 그 후에는 비정규직으로 일했다. 20대 후반부터는 좋아하는 겨울 스포츠를 즐기기 위해 눈이 없는 계절에는 고원(高原)에서 아르바이트를 하며 스노보드를 탈 수 있는 설산을 방랑하는 생활을 해왔다. 2009년에는 6개월 동안 도카마치시에 인접한 유자와정(湯沢町)에 살았었다.

'좀 더 시골, 눈이 있는 곳으로.'
이런 생각을 하고 있을 때 도카마치시청이 홈페이지에 공개한 ―당시 생긴 지 얼마 안 된― 지역부흥협력대 모집 광고를 보았다.
지역부흥협력대 일을 시작하면서 고야마는 아내와 두 명의 아이와 43세대 115명이 사는(2019년 12월 31일 기준) 요모기히라(蓬平) 마을에서 생활한다.

"지역부흥협력대가 되기 전에는 1년에 100일 정도는 눈에 파묻혀 살았지만, 최근에는 일 년에 한 번 갈까 말까예요. 시골살이는 그 정도로 바쁩니다."

일본의 들녘 풍경을 지키고 싶다

65세 이상 인구가 90%를 넘는 작은 마을. 지역부흥협력대로 부임한 후 지금까지 10년간 신문 배달을 하고 있다. 인력이 필요한 소바집에서 아르바이트도 하고 캠프장 운영·아웃가이드 일도 한다. 일손이 부족한 농가를 대신해서 벼와 채소도 키우고 있다.

"눈이 오면 택시도 구급차도 못 옵니다." (고야마)

고령화가 진행되는 마을에서 젊은이의 역할은 무수히 많다. 2017년 고야마는 지역부흥협력대 연수와 지원을 하는 사토야마프로젝트를 설립했다.

"정원이 차지 않더라도 미스매칭이 일어날 것 같은 공모는 하지 않습니다. 적극적으로 지역활동에 참가하지 않고 그저 그렇게 지낸다면 매월 5만 엔 정도는 저금할 수 있겠지요. 그렇게 200만 엔을 모아 그만둔 대원도 보았습니다."

고야마는 위기감을 느낀다고 말한다.

"내가 사는 마쓰노산 지역에는 '일본 100경'에 선정된 아름다운 계단식 논이 많습니다. 그 계단식 논을 70대, 80대가 관리하고 있어요. 경작지가 방치되면서 산골살이 전문가들이 점점 사라져요. 일본의 들녘 풍경이 없어지는 것은 아닌가 하는 위기감이 강하게 듭니다."

고야마는 도쿄 출신이다. 코로나 이전부터 "도쿄는 너무 밀도가 높아 끝났다"라고 느끼고 있었다. 코로나의 영향으로 고용도 불안정해졌다. 그는 수도권에서 지방으로 이주하려는 사람이 늘어난 이유를 잘 안다.

"채소가 많이 나면 옆집에 나누어 주고 답례로 술을 받아 와요. 각각 자신이 잘하는 일과 물건을 교환하는 거죠. 사계절 자연에 둘러싸인 곳에서 돈 신경 쓰지 않고 마을이 한 가족처럼 지내요. 인간다운 생활은 이런 곳에 있는 거죠." (고야마)

제5장

반농반X의 실상

겸업농가로 생계유지

시로이시 고다이(白石広大, 가명, 41세)는 신규영농을 목표로 2020년 7월 효고현 아와지시에 아내와 두 명의 아이와 이주했다.

이주 계기는 첫째 아이의 출생이다. 생후부터 당연한 것처럼 맞는 백신 접종이 의문이었다. 여러 가지로 자료를 찾던 중에 인간의 몸에 들어오는 모든 것에 신경이 쓰였다. 그중에 가장 신경 쓰이는 것이 음식이었다.

유기농 식자재를 구입하기 시작했지만, 가격도 비싸고 근처 슈퍼에서 살 수도 없었다. 그렇다면 만들어 먹을까 하고 생각했다. 엔지니어로 오사카 시내의 IT 관련 기업에 근무하던 시로이시는 지방에서 한가하게 살고 싶었다. 오사카에서 사무직으로 일하는 아내도 같은 생각이었다. 하지만 농약을 사용하지 않는 자연재배를 배울 장소를 찾아보아도 화학농약과 화학비료를 사용하는 통상적인 '관행농법'이 주류인 일본에서는 기초부터 배울 수 있는 곳이 거의 없었다.

2015년 9월 UN 정상회의에서 채택한 SDGs(Sustainable Development Goals, 지속가능한 개발 목표)에서는 지역자원을 순환시키는 지속가능한 농업의 중요성을 제시했다. 그 결과, 북미와 유럽을 중심으로 세계의 유기농 식품 매출이 매년 늘고 있다.

그러나 일본은 세계에 비해 뒤처져 있다. 경지면적 대비 유기농업 면적 비율은 이탈리아 15.8%, 스페인 9.6%인데, 이에 비해 일본은 0.2%로 매우 낮다.[*]

시로이시는 농림수산성과 후생노동성이 후원하는 신농업인 박람회에도 참가했다. 이 박람회는 전국 각지 농업법인 경영자와 지자체 관계자가 모여 직접 신규영농 상담을 하는 국내 최대 신규영농 이벤트다.

이 박람회에서 비료와 농약을 사용하지 않고 자연에 있는 가축 배설물과 대나무 등으로써 유기농법을 하는 와카야마현 하시모토 자연농원이 연수생을 모집하는 것을 알게 되었다. '이거다!'라고 생각한 시로이시는 살고 있던 오사카 시내의 집을 처분하고 퇴직했다.

2018년 6월부터 1년간 연수를 받고 유기농법 노하우를 배웠다. 농업으로 한 가족이 살 수 있을까 하는 불안도 있었지만 어떻게든 생계를 꾸려갈 궁리는 있었다.

---

[*] 농림수산성 생산국 농업환경대책과. 2020. 09. 「유기농 실태」.

"IT 회사에서 퇴사한 후에 여러 거래처의 고객으로부터 개인사
업자로 일해 달라는 요청이 있었습니다. 장기적으로는 농가로 독
립하고 싶지만 일단 겸업농가를 하면서 생계를 꾸려갈 수 있을 것
같았습니다."

농업종사자 대부분이 65세 이상

유기농법 기술을 배운 시로이시가 이주 장소로 선택한 곳이 아와
지시다.

"이주하고 싶었던 때부터 여러 지역을 둘러보았지만, 엔지니어
일로 오사카와 고베에서 약속이 자주 있기 때문에 오사카에 가까
운 곳을 찾고 있었습니다."

아와지시는 차로 고베까지 40분, 오사카까지 1시간이면 갈 수 있
고 고속버스도 다닌다.

1년간 농법을 배우고 아와지시로 이주했지만, 농경지를 빌리기 위
해 상담하러 간 보급지도센터에서 문전박대를 당했다.

보급지도센터는 신규영농을 대상으로 기술·경영·자금 등에 관한
정보·상담, 신규영농 후의 기술·경영지도 등을 하는 지자체 출장소
로서 시로이시가 신규영농을 하고자 하는 효고현에는 13개가 있다.

제일 가까운 보급센터에 방문했는데, "정체 모르는 사람에게 땅을

빌려줄 수 없어요. 돈은 얼마나 있나요? 농사는 장난이 아니에요"라고만 했다. 시로이시는 "쫓아내는 것 같은 말투였다"라고 회상한다.

농림수산성의 2020년 '농림센서스'에 따르면 농업종사자의 약 70%는 65세 이상으로 5년 동안 약 40만 명이 감소하고 있다. 한편 49세 이하 신규영농인 수는 최근 10년간 연간 2만 명 정도다.

경작 방치지는 시가현 면적과 거의 같은 약 40만 헥타르로 확대되고, 영농인 감소와 고령화가 지속되고 있다. 그런 상황에서 의욕 넘치는 자신이 왜 성가신 사람처럼 취급되는지 전혀 이해되지 않았다.

평균 농업소득 109만 엔

물론 모든 지자체가 이렇게만 대응하는 것은 아니다. 정부 지원금과 지역부흥협력대원 제도 등을 이용하여 어떻게든 농가 일손 확보를 위해 노력하는 지자체는 많다.

그러나 신규영농이 간단하지 않은 것 또한 사실이다. 나 같은 기자는 컴퓨터 하나만 있으면 일을 시작할 수 있지만, 농업을 하려면 땅 일구는 트랙터 등 수백만 엔 단위의 초기 투자비가 필요하다. 그리고 수입을 보장받기도 힘들다.

전국농업회의소의 2016년 신규영농인 영농실태조사에 의하면 영농 1년 차의 평균 소비 비용은 569만 엔이며 그 내용은 기계·시설비 411만 엔, 종자·비료·연료비 158만 엔이다. 10년 이내 신규영농인의 평균 농업소득은 109만 엔으로 농업소득으로 생계유지가 가능한 신규영농인은 전체의 24.5%에 지나지 않는다.

그리고 농지 확보 자체가 어렵다. 「농지법」 제3조가 큰 장벽이기 때문이다.

"농지 또는 방목초지의 소유권 이전 혹은 지상권, 소작권, 질권, 사용대차에 따른 권리, 임차권 혹은 그 외 사용 및 수익을 목적으로 권리 설정 또는 이전할 때는 정해진 법령에 따라 당사자가 농업위원회 허가를 받지 않으면 안 된다." (「농지법」 제3조)

즉, 농지를 빌리거나 살 때는 영농계획서 등을 제출하여 농업위원회의 허가를 받아야 한다. 농지 소유자가 빌려주거나 팔 때도 '비농가'인 제3자는 그것을 함부로 이용할 수 없다.

농업위원회는 「농지법」에 근거하여 설립되었으며, 농지 매매·임차 허가, 농지 전용 요건의 의견 제시 등 농지에 관한 사무를 집행하는 행정위원회로 원칙적으로 지자체마다 설치되어 있다.

농가의 자손이 부모의 농지를 사용하여 농업을 시작하는 것은 문제가 없지만, 신규영농인의 약 70%는 친척 등으로부터 농지를 인계받을 수 없는 '비농가'에 해당한다. 일손이 부족하다고 하지만 농업을 처음 시작하는 데 장벽이 높은 것이다.

농정사의 대전환기

정부는 보통 5년마다 향후 10년의 중장기 비전인 식량·농업·농촌기본계획을 수립한다. 2020년 3월 31일 발표한 계획에서는 2030년까지 식량자급률을 칼로리 기준으로 37%(2018년)에서 45%로, 생산액 기준으로 66%(2018년)에서 75%로, 농림수산물·식품의 수출액을 5조 엔까지 늘리는 등 목표치를 내세웠다.

에토 다쿠(江藤拓) 전 농림수산장관은 이렇게 발표했다.

> "우리나라의 농업과 농촌은 인구감소에 따른 국내 시장 축소, 농업인 감소 및 고령화가 심각하고 동시에 글로벌화 진전, 빈번한 자연재해와 CSF(돼지콜레라) 발생, 코로나 감염 등 새로운 과제에 직면하고 있습니다.
>
> 저는 이 기본계획 수정 과정에서 지역 유지와 다음 세대를 확보하는 것이 중요하고 이를 달성하기 위해서는 국내 농업의 생산기반 강화가 불가결하다고 생각했습니다." (2020년 3월 31일)

그러나 현장의 상황은 정말 열악하다. 생산기반 강화는 오래된 고질적인 문제이지만 정부는 이에 잘 대응하지 못하고 있다. 따라서 시로이시처럼 다른 일을 하면서 농업도 하는 '반농반X' 인재가 절실하다.

반농반X는 시오미 나오키(塩見直紀)가 저서 『반농반X 삶의 방식』

에서 제시한 개념으로 반자급적인 농업과 하고 싶은 일을 병행하는 삶의 방식을 가리킨다.

2020년 4월 농림수산성은 '새로운 농촌정책 존재방식에 관한 검토회'를 설치하여 반농반X 실태조사를 했다. 위원장은 『농산촌은 소멸하지 않는다』라는 저서를 출판한 메이지대학 오다기리 도쿠미 교수다.

> "일본의 농정은 전후 지속적으로 전업농가 육성을 중심으로 진행되었습니다. 그런데 지금 농수산성이 반농반X 실태조사를 하는 것은 농정의 획기적인 큰 전환점이라고 평가할 수 있을 것입니다." (오다기리 도쿠미 교수)

원래 반농반X와 같은 의미인 겸업농가는 특별히 새로운 개념이 아니다. 에도시대부터 농가를 '백성(百姓)'으로 불렀고, 내가 사는 아와지시 등에서도 고령자들은 농업인을 백성이라고 부른다.

백성은 백 가지 일을 능히 해내는 사람이라는 의미로 복수의 일을 한다는 뜻을 담고 있다. 그러나 전후에는 전업농가의 경영 규모 확대가 최우선이어서 농지 이용권을 고수하는 겸업농가를 불필요한 존재처럼 취급했다.

급기야 1981년에는 '겸업농가 잡초론' 논쟁이 심화되었다. 대규모 농지 정비를 위해 겸업농가들이 가진 작은 농지를 잡초 취급한 것이다.

400만 엔 소득 확보를 목표로 지원

그런 역사를 생각하면, 농정 책임부처인 농림수산성이 반농반X 조사를 시작한다는 것은 그만큼 일손 부족이 심각하다는 것을 의미한다.

바로 그때 코로나 확산의 영향으로 인구밀도가 낮은 지방이 주목받기 시작했고, 농가에 관한 관심도 높아졌다. 농업·낙농업 구인 사이트 어그리 나비*에는 2020년 4월 이후 매달 회원 등록 수가 전년 동월 대비 2배인 약 3,000명이 되었다.

사이트를 운영하는 어그리 미디어 코퍼레이트 본부의 다다 세다이(多田正大)는 이렇게 말한다.

"집에만 머무는 생활과 정반대로 야외에서 일하는 농업이라는 직업에 관심이 높아진 것 같습니다. 마스크 보급이 잘되지 않는 등 일본의 공급체계에 대한 불안이 국내의 식량 생산에 관한 관심으로 이어진 면도 있는 것 같고요."

농업에 관심이 높아지는 것은 환영하지만 두 손 들어 환영할 수만은 없는 사정도 있다.

---

*https://www.agri-navi.com (역자)

"아무리 헬로워크에 구인을 해도 인력을 충원할 수 없는 생산자를 돕기 위해 우리 회사 같은 농업·낙농업 전문 구인 미디어가 있습니다. 그러나 코로나 감염 확산의 영향으로 헬로워크에만 사람이 모이고 있어요."

농업에 관심이 높아지는 상황에서 정부도 이주 열기를 좀 더 적극적으로 수용하고 싶을 것이다. 농림수산성은 2020년 7월 29일부터 8월 24일까지 반농반X 실천자를 대상으로 '농업과 다른 일을 병행하는 생활에 대한 조사'를 실시하여 145건의 응답을 받았다.

그 결과, '농업소득 100만 엔 미만'이 전체의 70%로 나타났으며 '농업 이외의 일 중 제일 소득이 많은 일의 연간소득'은 300만 엔 미만이 53.8%로 나타났다.

모수도 적고 농림수산성 웹사이트에 게재한 조사에 대한 응답이기 때문에 정확한 조사라고 평가하기 어렵지만, 농림수산성 쇼지 히로타카(庄司廣裕宇) 농림계획과장은 이렇게 말한다.

"코로나 이전부터 있던 전원 회귀 흐름이 가속되고 있습니다. 연간 400만 엔 정도의 소득을 확보할 수 있는 지원책과 모델을 제시할 수 있다면 새로운 일손으로서 반농반X가 늘어갈 것이라고 봅니다."

농업 대국 홋카이도의 도전

코로나 바람을 타고 반농반X가 일본 농업의 생산기반 강화에 기여할까. 원격근무로 일하는 방식이 바뀌는 환경 속에서 농업 대국 홋카이도도 나서고 있다.

JA* 그룹 홋카이도는 '농업을 하니까에서, 농업도 하는 시대로'라는 슬로건 아래 다른 일을 하면서 농업을 하는 사람을 '수평(parallel) 농가'로 규정하고 2020년 7월 공식 웹사이트**를 개설하는 등 보급 확대에 주력하고 있다.

JA 홋카이도 중앙회 총합지원부 하야시 아카토시(林亮年) 과장은 이렇게 말한다.

"코로나의 영향으로 외국인 기능실습생 입국도 제한되고 인력 부족이 심각해지고 있습니다. 관광산업과 음식업이 큰 타격을 받는 상황에서 부업의 하나로 농업에 관심을 가져주길 바랍니다."

그 일환으로 주력하는 서비스는 농가와 농업 구직자를 1일 단위로 연결해주는 1일 농업 아르바이트 'day work'다. 이 서비스에는 2020년 말 기준으로 도내 20개 JA가 참여하고 있다.***

---

* 농업협동조합. (역주)
** https://ja-dosanko.jp/parallelnoker (역주)
*** 2022년 1월을 기준으로 52개 JA가 참여하고 있다. (역주)

농가가 작업 영상과 현지 지도를 제공하며 시간, 작업 내용, 급여를 제시하는 방식인데 많은 사람이 참여한다. 일반사단법인 농림수산업 미래기금의 지원으로 농가와 이용자 모두 무료로 이용할 수 있다.

이 앱을 개발한 가마쿠라 인더스트리즈의 하라 유지(原雄二) 사장은 "이제까지 농가 아르바이트는 주 단위였고 대부분 농번기에만 진행되어서 구인이 정말 힘들었습니다. 그런데 1일이라는 단기로 응모할 수 있으면 본업을 사진 사람이나 학생도 편하게 참여할 수 있지요"라고 말한다.

앱을 이용하고 있는 JA 사라베쓰 경영상담부장 오노 가쓰히로(大野勝広)는 그 효과에 대해 이렇게 말한다.

> "코로나의 영향으로 관광산업과 음식업 관련 종사자들이 고용 불안에 처한 이유도 있지만, 1일 단위로 농가에서 부업을 할 수 있으면 젊은 응모자도 모여들 수 있습니다. 축산업과 달리 항상 작업이 있는 것이 아닌 논밭에서는 외국인 기능실습생을 받을 수 없습니다. 농번기의 계절노동자로서 이 서비스가 큰 힘이 됩니다."

반농반X의 선구자, 시마네현

홋카이도판 반농반X인 '수평 농가' 보급은 이제 막 시작이지만, 시마네현은 선구적으로 반농반X를 극진히 지원해왔다. 시마네현은 2010년부터 '반농반X 지원사업'을 시작했는데 초기 사업명은 '농업

+α'였다.

> "주고쿠 산지 구역은 작은 농지와 대장간, 양봉 등의 기술이 모두 함께 있던 곳이어서 처음부터 반농반X였어요. U·I턴 이주자가 새로 농업을 시작할 때 재배기술 습득, 농지·판로·주택 확보 등 여러 가지 장벽이 있지만 제일 큰일은 소득을 확보하는 것입니다."
>
> [다나카 가즈유키(田中千之) 시마네현 농업경영과장]

반농반X의 구체적인 지원은 이렇게 이루어진다. 현 외에서 U·I턴한 사람이 영농을 시작할 때, 65세 미만, 판매 금액 50만 엔 이상의 영농을 목표로 한다면 영농 전후에 각각 최장 1년간 월 12만 엔을 지원하고 영농에 필요한 설비비도 최대 100만 엔 지원한다.

2020년 3월 말 기준으로 74명을 반농반X 실천자로 인정했는데 그중 68명이 현재도 현 내 각지에서 반농반X를 하고 있다. 실천자의 가족을 포함하면 이제까지 119명이 시마네현에 이주·정주했다.

이 반농반X 실천자의 70%가 반농반X 지원사업뿐만 아니라 영농전 1년간 지역부흥정책인 고향시마네정주재단의 '산업체험사업'을 경험했다는 사실도 주목할 만하다.

산업체험사업은 시마네현으로 U·I턴 한 사람을 대상으로 한 제도로서 농업·어업·전통공예·요양보호 분야 산업을 체험하면 월 12만 엔의 체험자 지원금을 제공한다. 중학생 이하의 아이를 데리고 올 경우는 1세대당 3만 엔의 지원금을 더 준다.

연간 지원금 150만 엔

이 3년간의 농업 경험 중에 인증신규영농인이 되면 정부의 신규영농인 지원정책인 '농업 차세대인재 투자금'을 받을 수 있다.

인증신규영농인이 되기 위해서는 경영 개시 농업으로 생계를 유지할 수 있는 5년 계획서를 제출하여 시정촌의 인증을 받아야 한다.

49세 이하의 사람에게 지원하는 농업 차세대인재 투자금은 '영농전 준비형'과 '영농 후 경영 개시형' 두 종류가 있는데 인증신규영농인이 받을 수 있는 것은 후자다. 1년에 최대 150만 엔 지원을 최대 5년간 받을 수 있다. (준비형은 최대 2년).

반농반X를 이용한 경우는 최대 4년이지만 그래도 지역부흥정책인 고향시마네정주재단의 산업체험사업(1년), 농업정책인 반농반X 지원사업(2년), 정부의 농업 차세대인재 투자금(4년)을 합쳐 최대 7년간 현과 정부의 보조를 받으며 생활할 수 있다.

그러나 문제도 있다. 시마네현이 실시한 반농반X 현황조사에 의하면 이주 전에 비해 생활 행복도와 주변 자연환경 만족도는 높지만, 소득 만족도는 낮았다. 흔히 시골살이는 생활비가 얼마 들지 않는다고 생각하지만 실제로는 그렇지 않다. 정부의 지원금을 받아도 여전히 충분한 소득을 내기 힘들다.

그러므로 'X' 부문에서 소득을 확보해야 하지만 그 부문에 충분한 일자리가 있을 리 없다. 코로나에 의한 원격근무 도입으로 가능성이 커졌다고 할 수 있을지 모르지만, 실제로 시마네현의 반농반X 실천자 68명이 하는 X 부문의 대부분은 신문 배달과 홈센터 등에서 일하는 '반농 반서비스'나 농업법인 등에 근무하는 '반농 반고용'으로 나타났다.

> "본인이 하고 싶은 일을 중심으로 X 부문의 일을 찾겠지만 지자체에서는 지역 실정에 맞는 일도 소개하고 있습니다." (다나카 과장)

그 대표적인 사례가 '반농 반양조'이다. 술 빚는 일을 하는 양조는 겨울에 일거리가 적은 농업인에게 최적의 일이다. 시마네현은 현 내의 주조회사와 함께 반농 반양조인을 모집한다.

반농 반양조로 생계유지

시마네현 서부 중산간지역에 있는 인구 약 1만 명의 오난정(邑南町). 면적은 약 420㎢로 현 내에서 제일 넓고 86%가 산림이다. 그런 풍요로운 자연환경에서 수확한 쌀과 천연용출수로 지역 술을 양조하는 이케즈키주조의 누마타 다카시(沼田高志, 31세)는 2013년부터 이곳에서 일하고 있다.

양조장에서 일하는 것은 매년 11월경에서 3월까지이다. 그 이외의 기간에는 농부로 일한다. 2020년 농업소득은 약 230만 엔, 양조장 수입은 약 120만 엔이었다.

"겨울에는 눈이 많이 내려 노지재배는 어려워요. 그 대신 겨울에 바빠지는 양조장에서 일해서 안정된 수입을 확보할 수 있어 좋습니다."

누마타는 효고현 출신으로 2012년에 영농을 목표로 오난정으로 이주했다. 고향도 농업이 번성한 곳이었지만 신규영농 정보를 모으던 중 지자체마다 지원이 다르다는 것을 알게 되었다. 오사카에서 열린 신농업인박람회에 참가하여 시마네현 지원정책을 보고 이곳이라면 독립할 수 있겠다는 생각으로 이주했다.

고향시마네정주재단의 산업체험사업 1년, 반농반X 지원사업 2년을 이용하여 지역농가에서 농업을 배웠다. 마을로부터 인증신규영농인으로 인정받아 농업 차세대인재 투자금을 4년간 이용했다. 누마타는 이렇게 회상한다.

"처음 3년간 12만 엔을 보조받았는데 월세 7,200엔 공영주택에 살며 미래를 위해 매월 2만 엔을 저금했습니다.

원래 술을 좋아해서 언젠가는 내가 기른 쌀로 술을 만들고 싶어서 반농 반양조인에 응모했습니다. 벼농사를 짓는 데 필요한 농업기구를 준비하려면 설비투자비만 2,000만 엔 가까이 듭니다. 재배기술이 없으면 농업 수입을 기대할 수 없는 구조 속에서는 신규영농 자체가 어렵지요. 그런데 소득을 보충할 장치가 있다면 농가로서 독립할 수 있습니다."

자신이 수확한 쌀로 빚은 일본 술을 들고 있는 누마타

2018년에는 지역 여성과 결혼했고 다음 해에 아이가 태어났다. 2019년부터는 보조를 받지 않고 반농 반양조인으로서 생계를 이어가고 있다.

누마타는 농지 확보가 과제였다고 말하지만, 다행히 아내의 친정이 벼농가여서 농지와 농기구를 물려받았다.

"그렇긴 해도 노후화된 것을 교체하고 새로 사기도 해서 작년에는 벼농사로 900만 엔 정도를 벌었는데도 경비를 빼면 거의 남지 않았어요. 내년은 벼농사로 1,200만 엔 정도의 수입을 올리는 것을 목표로 하고 있지만, 손에 남는 것은 대체로 10% 정도입니다. 노지재배와 양조장 일을 하면서 농지 규모를 확대해서 농사만으로 먹고 살고 싶네요."

누마타는 양조인으로서도 신뢰가 두터워 지금은 양조의 전반을
담당하는 공장장이다. 그렇게 자신이 바라던 대로 자기가 수확한
쌀로 술을 만들고 있다.

지역부흥협력대로서 신규영농

전형적인 중산간지역인 오난정은 반농반X 사업을 진행하고 있지
만 'X' 부문의 일이 적다는 게 문제다. 양조인의 수요도 적다. 그래
서 일손 부족 해소를 위해 지역부흥협력대를 수용한다. 오난정뿐만
아니라 농가 일손 부족 해소를 위해 이 제도를 이용하는 지자체가
많다.

농업 차세대인재 투자금에는 영농을 시작하기 전 '준비형'도 있지
만 '지자체가 인정한 연수기관에서 1년 이상 또는 연간 1,200시간 이
상 연수 이수' 등을 요건으로 하기 때문에 비농가로서는 진입 장벽이
높다. 그러나 지역부흥협력대라는 비농가에서 생활하며 신규영농을
목표로 할 수도 있다.

히로시마현 출신인 이시이 유키(石井湧貴, 26세)와 다이키(大貴, 24
세) 형제는 2020년 4월 오난정 지역부흥협력대가 되었다. 둘 다 같
은 공업고등학교 출신으로서 졸업 후에 히로시마 시내의 보안카메
라 제조공장에서 일했다.

2019년 8월, 형인 유키가 갑자기 "농사짓지 않을래?"라고 제안했다. 그냥 '시골살이를 하고 싶다', '시골에서 살려면 농사를 해야지' 이런 식의 느낌이었다. 구체적으로 시골에 가서 무엇을 하려는 계획은 없었지만, 동생 다이키도 동의했다.

형 유키는 "사는 건 딱 한 번인데 매일 같은 일을 반복하는 공장 일을 평생 하고 싶지 않다"라고 말했고, 동생인 다이키는 "열심히 해도 이익은 회사로만 간다. 내 힘으로 버는 일이 좋다. 움직일 거면 빨리 하자라고 생각했다"라고 회상한다.

9월에 히로시마 시내에서 열린 이주 이벤트에 참가하여 신규영농인 모집 지자체를 둘러보는 버스 투어에도 참가했다. 그중에 지역부흥협력대로서 신규영농인을 받아들이는 오난정에 끌렸다.

"경험도 없고 뭘 해야 좋을지도 모르는 초보이지만 최저 생활비는 받을 수 있고, 채소가 아닌 포도 농사를 짓는 것이 매력적이었다." (다이키)

영농 5년 차 620만 엔 소득

오난정이 지역부흥협력대를 모집하는 것은 농가 일손 대책뿐만 아니라 마을의 명산품을 만들기 위해서다. 그 명산품이 바로 시마네현 특산 포도 '신쿠(神紅)'다. 베니바라도와 샤인머스캣을 접목하여 나온 포도로 당도 20도 이상이고 껍질까지 먹을 수 있다.

"농촌이지만 이거라고 자랑할 만한 명산품이 없어요. 신쿠 생산자를 늘리고 싶지만, 묘목 재배부터 수확까지 3년이 걸려요. 그래서 신규영농인을 확보하기 위해 지역부흥협력대를 모집했어요."

[가네야마 쓰토무(金山功) 오난정사무소 농림진흥과]

오난정에서 신규영농을 할 지역부흥협력대 '오난아구사포대'는 2014년에 시작했다. 신쿠 생산을 원하는 '오난아구사포대 포도 신규영농 모델'은 2020년부터 시작하여 현재 이시이 형제를 포함해 5명이 활동 중이다.

아구사포대 포도 신규영농 모델 1년 차에는 아구사포대가 관리하는 하우스(10아르)와 노지(30아르)에서 주로 채소 재배의 기초를 배우고, 시마네현립 농림대학교의 포장(圃場, 농산물을 키우는 논과 밭)에서 포도 재배 연수를 받는다.

2년 차에는 농림대학교 농업과 단기양성코스에서 농업 경험자로서 필요한 전문지식과 포도 재배를 배운다. 이 시기에 포도를 정식하여 신규영농 1년 차에 해당하는 4년 차 때부터 수확 체계를 갖춘다.

그리하여 지역부흥협력대 3년 차에는 정식한 포도의 지주 관리를 하면서 자영 영농계획을 준비한다. 4년 차 이후에는 연간 최대 150만 엔의 농업 차세대인재 투자금을 받을 수 있다. 오난정은 신규영농 5년 경영 모델로 재배면적 40아르에서 약 620만 엔의 농업소득을 낼 수 있게 하고 있다.

도시 버리기

이시이 형제

"초기 투자로 하우스를 짓는 데 많은 돈이 들지만, JA의 포도 리스 하우스사업을 활용하여 초기 투자 부담을 줄일 수 있었습니다." (다이키)

비농가가 신규영농인으로 독립하여 자영하게끔 하는 지역부흥협력대는 제일 유효한 일손 육성책이다. 그러나 전국의 농산촌 지자체가 시마네현처럼 극진하게 지원하는 것만은 아니다.

정부의 농업 차세대인재 투자금을 활용하여 반농반X로 자립하려는 부부도 있다.

연매출 400만 엔이면 호사스럽게 살 수 있다

도쿠시마현 가쓰우라정(勝浦町)의 귤 농가 이시카와 쇼(石川翔, 32세)와 미오(美緒, 33세) 부부는 도쿄에서 온 이주자다. 맞벌이 회사원으로 일했지만 언젠가는 창업하고 싶다고 생각했다고 한다.

"도쿄에서의 창업은 임대료 등 고정비가 많이 들고 항상 유행에 좌우됩니다. 시야를 넓혀 지방에서의 창업을 생각했습니다." (쇼)

추위를 많이 타서 따뜻한 지역을 찾았다. 그렇다고 해도 이주지에서 무엇으로 먹고살지를 정하지 않은 상태였다. 반년 정도 일하지 않고 지낼 수 있는 돈은 있었지만, 창업 준비금으로는 충분하지 않았다.

그러던 중 2015년 8월에 시코쿠의 이주상담 이벤트에 참가하여 가쓰우라정 이주상담 직원을 만났다. 거기에서 제안받은 것이 후계자가 없어 사업을 이어가지 못하는 귤 농가에 가는 것이었다.

"솔직히 농업은 전혀 생각한 적이 없지만 수확할 수 있는 밭을 물려받을 수 있고 판로도 있어서 처음부터 수입을 얻을 수 있다는 게 매력이었어요." (쇼)

다음 달에는 실제로 가쓰우라를 방문하여 후계자를 찾는 농가를 만났다. 연매출이 400만 엔이고, 그중 경비는 200만 엔 정도라고 했다. 살 집도 있고 월세는 농지 임차료를 포함해 연간 수만 엔. 이 정도면 해볼 만하다고 판단한 부부는 각각 회사를 그만두고 2016년 4월에 가쓰우라로 이사했다.

마을사무소의 지원을 받아 경영계획을 세우고 농업 차세대인재 투자금(경영 개시형)도 받았다. 이시카와 부부는 농업 경험이 없었지만, 경영을 계승하는 경우에는 신규 작목 도입 등의 경영 위험부담을 감당하는 것이기 때문에 시정촌장에게 인정받아서 연간 225만 엔의 지원금을 받게 되었다.

"밭은 그대로 인계받는다 해도 차를 사고 빌린 집을 수리를 하고 나면 저금은 남지 않는 상황이었죠. 자금 지원이 없었다면 생계유지가 어려웠을 겁니다." (쇼)

부부가 재배하는 것은 수확 시기가 늦은 만생종 귤로 11-12월에 수확하여 출하한다. 처음 현금 수입을 낸 것은 2017년이다.

농업 차세대인재 투자금을 받을 수 있는 것은 최대 5년이었다. 2019년에는 청과물 판매만으로 매출이 420만 엔이 되었지만 거의 반 이상을 경비로 지출했다.

그러나 둘은 생계를 이어갈 준비를 이미 시작하고 있다. 집 1층을 농가민박으로 개조하고 헌책방도 시작했다. 축제 때 포장마차를 하고 스스로 익힌 기술로 워크숍을 열기도 하여 'X' 부문에서 약 100

수확기를 맞은 귤밭 앞에 선 이시카와 부부

만 엔을 벌었다.

"여러 가지 일을 하면서 경작면적을 늘려 소득을 높이고 생계를 안정시키고 싶어요. 지방에서는 300만 엔만 있으면 부부의 생계를 이어갈 수 있고, 400만 엔이 있으면 호사스러운 삶을 살 수 있으니까요." (쇼)

코로나의 영향으로 2020년은 휴업했지만 농가민박을 재개하면 X 부문의 수입이 늘 것이다. 해마다 시장이 변동하는 경매시장에 출하하는 것 외에 자신이 관리하는 홈페이지를 통한 온라인 판매 비율이 증가하여 단골도 늘었다. 농가만으로 충분한 생계를 꾸려갈 수 있게 되는 것이 당면 목표라고 한다.

농지 포함 빈집 인기, 매매는 제한

나도 반농반X를 하고 싶다. 그러나 이시카와처럼 일손 부족이 심각한 지역에서 농지를 빌리는 것조차 어려우리라고는 상상조차 못했다. 그건 농업을 부흥시키려는 마음이 없기 때문인 건 아닐까 하는 생각마저 들었다.

벌이가 어려운 중노동이고 초기 비용이 몇백만 엔 단위가 든다면 신규영농을 하고 싶은 청년은 거의 없을 것이다. 애초에 전망 있는 비즈니스라면 자손에게 물려줄 수 있다. 그러나 실제로 농가가 물려주는 것을 주저하고 농가 고령화와 경작방치 확대가 이어지고 있다.

그래도 겸업농가까지는 아니더라도 정원 형태로 농업을 시작하고 싶은 사람이 있을 수도 있다. 그러나 이 경우에도 텃밭 가꾸기 정도는 괜찮지만―「농지법」 제3조처럼― 농지 이용에는 제한이 많다.

군마현 남서부 안나카시(安中市)는 코로나 환경에서 농지 취득 기준을 대폭 완화했다. 빈집뱅크에서는 '농지 포함 빈집'이 인기지만, 이전의 기준이라면 매매가 이루어지기 힘든 상황이었다.

2009년 「농지법」 개정으로 농업위원회의 판단에 따라 하한면적을 낮추는 것은 가능하게 되었지만, 그전까지는 원칙적으로 50아르(5000㎡) 이상이 아니면 농지 판매는 불가능했다. 이는 가정원예 수준의 넓이가 아니다.

"안나카시는 하한면적을 30아르로 설정하지만 그래도 가정원예 수준으로 농업을 즐기고 싶은 사람에게는 그것도 너무 넓습니다. 그래서 빈집뱅크에서는 농지를 포함하여 1아르라도 매매할 수 있도록 하고 있습니다." (안나카시 담당자)

군마현에서는 안나카시에 이어 도요오카시와 기류시도 같은 정책을 펴고 있다. 가정원예 수준의 작은 농업을 통해서라도 쓰지 않는 농지가 조금이나마 재생된다면 일본 농업계의 장래가 밝을 것이다.

제6장

도시인이 모르는
시골살이 가이드

1. 거주

이주하고 싶어도 살 집이 없다

이주하고 싶어서 정보 수집을 하는 등 이주에 대해 고민하는 사람이 많다.

이제까지는 코로나 이주자의 움직임을 알아보았지만, 제6장에서는 코로나 이주 당사자인 나의 체험도 섞어서 지방이주의 현실과 지방이주를 위한 실용적인 지혜를 말하고 싶다.

나는 정령지정도시의 하나인 고베에서 나고 자랐고 사회인이 된 후에는 대부분 도쿄에서 지냈다. 나처럼 도시 생활만 한 사람은 상상할 수 없는 일들이 지방에서 이루어진다.

지금까지 이주의 최대 장벽은 일자리였다. 그러나 원격근무가 확대되면서 한정적이긴 하지만 도시인이 지방으로 이주할 수 있게 되어 서서히 이주하는 사람들이 생겨났다.

이주의 두 번째 장벽은 거주다. 어느 정도 인구나 대학, 기업이 있다면 좋겠지만 경치 좋은 농산촌을 희망할수록 거주지 확보가 어려운 것이 현실이다. 도시처럼 임대물건 정보 사이트에서 여러 매물을 비교하는 것은 불가능하다.

내가 사는 아와지시마도 마찬가지다. NPO법인 아와지FAN클럽의 아카마쓰 기요코 전무이사는 이렇게 말한다.

"이주하고 싶은 사람은 많지만, 원하는 집을 못 찾아서 이주하지 못하는 경우가 많아요."

실제로 아와지시 부동산 매물 사이트인 '아레인'에 등록된 매물은 12개 정도뿐이다.

빈집뱅크는 무엇인가

시골에는 빈집이 많을 거라고 생각할 수 있지만 실제로는 그렇지 않다. 아니, 텅 비어있는 빈집이 산처럼 많지만 쉽게 빌릴 수 없다.

지자체는 이주 촉진을 위해 모집한 빈집을 '빈집뱅크'를 통해 이용을 희망하는 사람에게 소개한다. 빈집뱅크는 전체 지자체의 약 40%인 763개 지자체가 이용 중이고 약 20%인 276개 지자체가 준비 중

이거나 이용 예정이다. (2019년 4월 말 기준)

그런데 게시 정보가 지자체마다 다르고 지자체별로 들어가서 빈집뱅크를 일일이 확인해야 하는 번거로움이 문제였다. 그래서 2018년부터 전국 단위로 한꺼번에 찾을 수 있도록 국토교통성이 선정한 주식회사 LIFFUL과 앳트홈 주식회사가 '전국 빈집뱅크 빈토지 뱅크'를 운영하고 있다. 부동산 대기업 포털사이트가 운영하면서 좀 더 편하게 이용할 수 있게 되었다.*

2019년 4월 말 기준으로 빈토지 뱅크에는 612개 지자체가 참여하여 433개 지자체의 물건 정보가 올라와 있다. 그러나 전국의 모든 지자체가 참여하는 것이 아니기 때문에 그 효과가 미미하다.

등록 건수를 늘리기 위한 악전고투

총무성 조사에 의하면 전국의 빈집 총수는 1998년 576만 호에서 2018년에는 약 850만 호(전국 주택 총수의 13.6%)로 20년간 약 1.5배까지 늘었다(2018년 주택·토지 통계조사). 빈집이 늘면 안전 문제, 공중위생 문제, 경관 문제 등으로 지역주민의 생활환경에 악영향을 끼친다.

빈집문제 해결을 위해 2015년에 「빈집대책 추진에 관한 특별조치법」이 시행되었다. 이 법에는 '지자체는 빈집 및 빈 토지 정보를 제공

---

*https://www.iju-join.jp/akiyabank (역주)

해야 하고 그 활용을 위해 대책을 강구해야 한다'고 되어 있다. 그 일환으로 진행하는 서비스가 빈집뱅크이다.

총무성은 2017년 10월-2019년 1월까지 전국 93개 지자체*를 대상으로 빈집대책 실태조사를 실시했다. 규모가 적은 지자체일수록 빈집뱅크 운영률이 높게 나타났고, 빈집뱅크를 운영하는 55개 지자체 중 53개 지자체가 빈집뱅크의 운영 목적으로 '이주자의 정주 촉진'을 제시했다.

그러나 빈집뱅크를 운영하는 55개 지자체 중 29개 지자체가 '운영이 저조하다'고 답했고, 가장 큰 원인으로 '등록 물건 부족'을 들었다. 포스터나 재산세 납세통지서 홍보 등을 통해 등록을 독려했지만, 좀처럼 효과가 나타나지 않는 상황이다.

이주자에게 인기 있는 지자체들은 빈집 발굴에 필사적이다. 인구 약 24만 명의 나가노현 마쓰모토시는 2019년 11월 빈집대책의 일환으로 독자적인 빈집뱅크 사이트를 개설했다. 코로나 상황에서 이용이 급증하여 2020년 4-7월까지 4개월간 4,211명이 접속했다. 접속자의 65%는 나가노현 외부의 거주자들이었다.

그러나 실제 등록 건수는 10건 정도여서 수요를 감당하기에는 턱없이 부족한 상황이었다. 대책을 마련하기 위해 시는 2020년 11월부터 시가 파악한 2,839건의 빈집 소유자를 대상으로 조사를 실시

---

*인구 20만 명 규모 22개, 5만-20만 명 미만 규모 33개, 5만 명 미만 규모 38개 지자체.

했고, 소유자와 상속인에게 접촉하여 연내에 100건 등록을 목표로 하고 있지만 10건에 1건은 살 수 없는 상태의 것도 있다고 한다.

빈집뱅크 등록이 늘지 않는 이유

왜 빈집뱅크의 등록이 부진한 걸까.

"지방에서는 부모로부터 물려받은 집에서 그대로 살고 있는 경우가 많고 집에 대한 애착이 강하기 때문에 쉽게 빌려주거나 팔지 않습니다. 물려받을 때 구입할 수 있으면 좋겠지만 그 타이밍을 맞추기 어렵고 그렇게 되면 물려받기만 하고 살지 않아서 방치되는 경우도 많이 나타납니다. 철거비도 많이 들기 때문에 세금을 내더라도 그대로 방치하는 것입니다." (마쓰모토시 도시정책과 담당자)

마쓰모토시만의 이야기가 아니라 지방에서는 빈번한 일이다. 지방의 고령자들은 '대대로 토지를 지켜야 한다'는 의식이 강할 뿐만 아니라 작은 공동체 속에서 체면도 지키고 싶어 한다. 쓰지 않는다 해도 집을 팔거나 빌려주면 주위에서 형편이 어렵거나 가난하다고 여길까 봐 싫은 것이다.

그러나 지방을 떠나 도시에 사는 자식들은 그렇게 생각하지 않는다. 수리해서 팔면 그만이라고 생각하는 경우도 있긴 하지만, 지방에선 매매가 쉽게 이루어지지 않기 때문에 상속미등록 사태가 속출

한다.

토지와 가옥의 소유자가 사망하면 새로운 소유자가 된 상속인은 상속등록을 하고 명의변경을 해야 한다. 그러나 이는 의무가 아니다. 소유자가 생전에 유산을 어떻게 배분한다는 것이 명확하게 되어 있지 않은 일도 있고 이런 사안은 의무도 기한도 없다. 더구나 자식 세대에서 손자 세대로까지 이어지면 소유자 특정은 더더욱 어렵게 된다.

이러한 상속미등록을 이유로 소유자 불명인 토지가 규슈 전체 면적을 넘는 전국의 약 20%에 달한다. 법무성은 상속과 주소변경 시 등기를 의무화하여 위반하면 과태료를 부과하도록 하는 민법과 부동산등기법 개정안을 2021년 국회에서 통과시킬 계획이다.

수도권의 자산 가치 높은 부동산이라면 상황이 다르겠지만 지방에서는 명의변경 등기비만 10만 엔 단위다. 매각이나 해체를 의논하기 위해 각지에 사는 자식들이 모이기도 어렵다. 상속인이 결정되었다고 해도 생전에 소유자가 남긴 물건 처분도 큰일이어서 고정자산세를 계속 납부하면서 빈집을 방치한다.

국토교통성 주택국이 조사대상 세대가 현 주거지 외의 지역에 소유하고 있는 빈집을 조사한 결과, 현재의 이용 상황은 '물건 보관, 장기 부재, 철거 예정' 등이 약 53%로 1위를 차지했다. 건축 시기도 1980년 이전의 오래된 집들이 전체의 70%를 차지했는데, 향후 계획에 대해 건축 시기가 오래될수록 '빈집으로 방치'라고 응답했다.

그 이유로는 '물건 보관 장소 필요', '해체비를 지출하고 싶지 않음'

빈집으로 방치하는 이유

(n=1097)

항목	값
물건 보관에 필요	60.3
해체비를 내고 싶지 않음	46.9
나대지로 만들어도 사용할 일이 없음	36.7
필요할 때 이용하거나 처분할 수 없음	33.8
노후하고 협소한 주택임	33.2
나중에 본인이나 가족이 사용할 수 있음	33.1
철거하면 고정자산세가 늘어남	25.6
특별히 곤란하지 않음	24.7
리모델링 비용을 지출하고 싶지 않음	23.8
불단 등을 다른 곳에 보관할 곳이 없음	23.2
시간과 노력을 들이고 싶지 않음	18.8
임대도 불안함	18.3
매수자나 임대인이 없음	13.4
교통접근성이 불편함	12.9
진입로가 나쁨	12.8
만족한 가격에 팔리지 않음	12.6
자산으로 계속 보유하고자 함	10.2
만족할 만한 임대료를 받을 수 없음	7.0
알 수 없음	0.4

*출처: 국토교통성 주택국. 서기 2년 12월. 「빈집소유자 실태조사 보고서」.

도시 버리기

등이 제시되었다. 물건 보관 장소란 자기 것이 아닌 생전의 소유자 물건을 보관하는 장소라는 의미다.

빈집 수리비 1,000만 엔 이상

빈집 등록이 적어서 지자체들이 고민하는 상황이지만, 그나마 조금씩 빈집뱅크 등록이 늘어 이주자 거주 확보에 기여하고 있다. 빈집 개척을 위해 지역부흥협력대를 활용하는 지자체도 많다.

다만 빈집뱅크 등록 물건에도 주의를 기울일 필요가 있다. 제1장에서 세키가미가 수리비 때문에 빈집뱅크 이용을 포기했다고 말한 것처럼 등록 물건 자체의 상태가 도시처럼 깨끗한 경우는 별로 없다. 여러 명의 지자체 관계자로부터 이런 말을 들었다.

"빈집 소유자로부터 의뢰받은 것을 부동산업자에게 넘겨 등록하는 경우도 있고, 지자체 직원이 부동산업자와 빈집 상태를 확인하여 그나마 최소한의 상태를 유지한 집만 등록하는 경우도 있어요."

실제 수리비는 어느 정도일까. 빈집 상태에 따라 다르겠지만 전부 현대식으로 수리한다면 1,000만 엔 가까이 들기도 한다. 이주·교류 추진기구는 이해하기 쉽게 수리비를 공개하고 있다.

수리에 따른 폐기물 처리와 전 소유자가 남긴 물건 처리비도 큰 부

빈집 리모델링 비용

주방·욕실·화장실	
주방	50-100만 엔
• 위치를 바꾸지 않고 싱크대만 교환	
욕실	150-200만 엔
• 시스템 욕실과 세면대 교환 리모델링	
환풍기	3-8만 엔
• 욕실 환풍기 교환	
화장실	50-80만 엔
• 변기와 변좌 교환	
창·문	
내부 창	7-10만 엔
• 2중 새시 설치	
현관	20-80만 엔
• 현관 전체 리모델링	
내부공사	
방	70-100만 엔
• 서양식 방, 수납공간 설치	
방바닥	10-15만 엔
• 강화마루 설치	
도배	5-6만 엔
• 벽·천장 도배	
내진	130-150만 엔
• 목조건물의 (지진 대비) 내진 보강	
지붕	
기와	200-250만 엔
• 페인트칠 필요 없는 기와로 교체	
강판 지붕	50-100만 엔
시멘트판 지붕	60-120만 엔

*출처: 일반사단법인 이주·교류추진기구 홈페이지

담이다. 그래도 빈집뱅크에서 물건을 찾는 사람은 도시적인 모던한 주택보다 시골 풍경에 맞는 적당한 옛집 분위기를 찾는 경우가 많다. 오래되고 지저분해도 스스로 청소하고 가능한 범위에서 수리하는 등 완전히 새 단장을 원하는 사람은 많지 않다.

수도설비만 현대식으로 바꾸고 싶다는 사람은 많을 것이다. 도시인들은 상상하지도 못할 일이지만 시골의 오래된 집에는 푸세식 변소 즉, 재래식 화장실이 많다. 농산촌 지역에는 아직도 분뇨처리차가 동네를 돌아다닌다.

하수도 보급률 50% 이하인 지자체

도시 규모별 오수처리 보급률을 보자. 전국 평균으로 보면 91.7%지만 지역 규모별로 크게 다르다. 정화조, 농업·어업 마을 배수 등에 관해서는 후술하겠지만 인구 5만 명 규모의 마을에서는 지금도 약 20%가 재래식 화장실과 단독처리 정화조를 사용한다. 구식인 단독처리 정화조의 일부는 수세식 변소가 아니라 분뇨처리차가 오수를 처리하고 있다.

도시에서 오수는 하수도관을 통해 처리시설로 보내 강과 바다로 방류한다. 수도권 하수도 보급률은 100%에 가깝지만 2019년 말 기준으로 전국 평균은 79.9%다. 도쿠시마현(18.4%), 와카야마현(27.9%), 고치현(40.1%), 가고시마현(42.4%), 가나가와현(45.8%) 등 하수도 보급률이 극단적으로 낮은 지역도 있다.

도시 규모별 오수처리 인구보급률 (2019년 말 기준)

인구 규모	총인구	마을 수	하수도	합병처리 정화조	농어업마을 배수 등	기타
100만 명 이상	2,994	12	99.3%	0.7%		
50-100만 명	1,117	16	88.5%	5.8%	0.5%	5.2%
30-50만 명	1,751	45	85.7%	7.1%	0.9%	6.3%
10-30만 명	3,091	193	79.3%	9.7%	2.4%	8.6%
5-10만 명	1,746	251	66.3%	15.6%	4.3%	13.8%
5만 명 미만	1986	1,199	52.5%	20.4%	7.8%	19.3%

＊출처: 환경성. 「2019년 오수처리 인구보급 상황」.

이런 지역에서는 어떻게 오수를 처리할까. 제일 많은 것이 정화조다. 화장실 오수만 처리하는 단독처리 정화조와 주방 등의 생활배수를 포함한 모든 오수를 처리하는 합병처리 정화조로 구분하는데 2000년에 정화조법이 개정되어 지금은 단독처리 정화조 신설은 금지다.

정화조는 미생물 활동 등을 통해 오수를 정화하여 깨끗한 물로 방류하는 시설이다. 가까운 곳에 배수관과 도로 쪽에 배관이 없으면 각 가정의 마당에 처리시설을 묻어서 증발 또는 침투 등의 방법으로 처리한다. 그 외에 농·어업 마을에서는 공동 정화조를 설치하는 방법도 있다.

오수처리 인구비율은 하수도나 합병처리 정화조를 이용해 오수를 처리하는 인구의 비율이다. 냄새나는 푸세식은 피하고 싶지만 정화

도시 버리기

조로 수세식 변기를 쓰면 괜찮다고 생각할 수 있을 것이다. 그러나 그 시설의 설치와 유지에는 돈이 든다.

단독처리 정화조 설치가 금지되어 있지만 그것을 합병형으로 바꾸는 데도 돈이 든다. 환경성에 따르면 정부 지원금제도를 이용하더라도 개인 설치는 약 54만 엔, 마을이 개인 주택의 마당에 설치하는 마을설치형을 해도 약 9만 엔은 자기부담해야 한다.

유지관리 부담도 있다. 정화조 관리자는 보수점검, 청소, 법정검사를 하도록 법률로 정해져 있어서 5인조의 경우 연간 유지관리비가 5만 9,000엔이 든다. 그 명세는 청소비 2만 5,000엔, 보수점검비 1만 8,000엔, 법정검사비 5,000엔, 정화조 가동 전기료가 1만 1,000엔이다. 이렇게 하지 않으면 악취가 발생하거나 오수가 정화되지 못하는 문제가 발생한다.

빈집뱅크의 대부분은 매매 물건

빈집뱅크에는 선택지가 적고 수리비가 들기 때문에 바로 살 수 없는 물건이 많다는 것을 알아야 한다. 마루의 삐거덕거림과 천장 누수 등 살아보지 않으면 알 수 없는 것도 있다.

그래서 우선 임대하겠다고 생각할 수도 있지만 아쉽게도 빈집뱅크의 대부분 물건은 매매 기준이다. 아마도 이 때문에 빈집뱅크 이용률이 낮은 것일 수도 있다.

전국판 빈집뱅크의 하나인 'LIFFULL HOME'S 빈집뱅크'에서 코로나 이주로 인기인 기타간토 3개 현의 물건 내용을 보자(2021년 1월 14일 기준).

○ 이바라키현(전체 148건)
매매거주용(61건)/ 매매토지(78건)/ 매매사업용(0건)/
임대거주용(9건)/ 임대토지(0건)/ 임대사업용(0건)

○ 군마현(전체 122건)
매매거주용(81건)/ 매매토지(27건)/ 매매사업용(1건)/
임대거주용(11건)/ 임대토지(1건)/ 임대사업용(1건)

○ 도치기현(전체 143건)
매매주거용(78)/ 매매토지(44건)/ 매매사업용(1건)/
임대거주용(16건)/ 임대토지(2건)/ 임대사업용(2건)

물건 대부분이 매매를 목적으로 하고 있다. 마을이 준비한 이주촉진주택 등에 살면서 집을 찾으면 좋겠지만 모든 지자체에 그 준비가 충분히 되어있지는 않다. 이주자의 인기가 높은 지자체는 이미 예약이 꽉 차 있다.

매매를 목적으로 하는 빈집뱅크는 아무래도 이용하기 어려운 상황에서 이 책에서 취재한 이주자 중에는 소유자와 직접 만나 앞으로 구입하는 조건으로 매매물건을 임대물건으로 빌린 사례도 있다. 팔려는 쪽에서도 팔리지 않는 채 고정자산세를 계속 내는 것보다 임대 수익을 벌 수 있으니 좋다. 즉, 매매물건이라고 포기하지 말고 교섭 해볼 만한 가치는 있다.

재건축 불가능 물건 주의

빈집뱅크 외에도 지방의 중고물건을 구입할 때 반드시 주의해야 할 점이 있다. 재건축 여부이다.

오래된 물건이더라도 앞으로 신축해서 자식에게 물려주거나 팔면 좋겠다고 생각하는 사람도 있을 것이다. 그러나 재건축이 어려운 집 이 있다.

일본의 국토는 도시계획법에 따른 도시계획구역과 도시계획구역 외로 나뉘어 있다. 도시계획구역은 국토의 27%로서 거기에 국민 95%가 거주하고 있다. 도시계획구역 외는 산림 등 사람이 살기 어 려운 곳으로서 수도·하수·전기·가스 등 생활 인프라가 정비되어 있 지 않다.

도시계획구역은 시가화구역, 시가화조정구역, 비획정구역으로 구 분한다. 이미 시가지를 형성하고 있는 지역, 대략 10년 이내에 시가 화를 우선으로 진행할 지역이 시가화구역으로 구분되며 거꾸로 농 지 등의 시가화를 억제하는 지역이 시가화조정구역이다. 그 어느 쪽 에도 구분되지 않는 지역이 비획정 도시구역이다.

모두 살고 싶은 장소에 마음대로 집을 지으면 생활 인프라 정비에

막대한 비용이 들고 동네 경관도 해칠 수 있다. 그러므로 마을별로 도시계획이 있다.

지방의 부동산에 정통한 부동산업자는 이렇게 말한다.

> "건축기준법으로 인정된 4m 이상의 도로에 토지가 2m 이상 붙
> 어있지 않은 경우는 시가화구역이어도 건물 재건축이 불가능합니
> 다. 건축기준법의 도로는 국도와 도도부현도, 시구정촌의 공도
> 등으로서 4m 이상의 사도나 농도에 2m 이상 붙어있어도 그 도로
> 가 건축기준법의 도로로 인정받지 않으면 건축은 불가능합니다."

재건축 불가라고 하지만 이미 그곳에 집이 있지 않냐고 의문을 가질 수 있다. 여기에는 두 개의 법이 관련되어 있다.

「건축기준법」은 1950년부터 그리고 「도시계획법」은 1968년부터 시행되었다. 따라서 법 시행 이전에 세워진 건물은 접도 의무가 없고 지금은 건물 건축이 인정되지 않는 곳에 집이 있다. 이런 법 때문에 빈집문제는 영원히 해결되지 않을 것이다.

> "집을 지을 당시에는 도시계획구역 외였지만 지금은 그 건물이
> 도시계획구역 내에 있는 것은 시골에서는 흔한 일입니다. 재건축
> 이 가능한지 반드시 확인해야 합니다." (부동산 사업자)

도시 버리기

미등기 물건은 은행 대출 불가

'빈집뱅크 등록이 늘지 않는 이유'를 말하고 있지만 지방의 빈집과 중고물건 중에는 미등기 물건이 적지 않다. 등기 여부를 반드시 확인해야 한다.

> "언제 누가 지었는지 모르면 부동산등기를 할 수 없습니다. 상속인이 어디 사는지 모르거나 복수인 경우도 많아 합의 보기도 어렵습니다. 원래 소유자로부터 현재 소유자로 명의가 변경되지 않은 물건은 은행에서 대출을 받을 수 없습니다."

시골에서는 경계선 문제도 심각하다. 도시에서는 생각하기 어렵지만 타인의 토지를 마음대로 주차장이나 텃밭으로 사용하는 등 누군가 함부로 사용할 수 있다. 그런 경계선 문제를 안은 채 소유자와 개인이 매매를 하면 나중에 더 큰 문제가 발생할 수 있다.

등기부등본으로 소유자와 직접 교섭

이주지를 찾을 때는 먼저 이주촉진주택이 있는지, 지역의 부동산 회사에 전화하여 임대물건이 어느 정도 있는지, 또한 상태가 좋은 빈집이 빈집뱅크에 있는지 등을 사전에 조사해야 한다.

임대물건이 적다. 상태 좋은 빈집도 없다. 그렇다고 갑자기 집을 짓기도 힘들다. 수백만 엔이나 들어서 집을 지을 수는 없다. 그렇다면 스스로 찾는 방법밖에 없다.

그 방법은 두 가지다.

첫째는 지역에서 신뢰를 얻어서 지역 사람의 소개받는 것이다. 그러나 신뢰는 하루아침에 얻을 수 있는 것이 아니다. 신뢰를 얻기 위해서는 시간이 걸리고 신뢰를 얻을 때까지 지낼 장소도 없다. 그래서 지역의 마당발인 사람과 단기적으로 접촉해야 한다.

물론 상대방도 매일 찾아가면 귀찮아할 것이다. 그러나 그 사람이 식당을 운영한다면 매일 들러도 환영할 것이다. 특히 시골의 찻집은 여전히 강력한 지역의 교류장소다. 그런 곳에 매일 가서 집을 찾고 있다고 하면 빈집 자체는 많이 있으니 소개받을 수도 있을 것이다.

또 하나는 스스로 상태 좋은 집을 찾아 소유자와 직접 접촉하는 방법이다. 물론 토지 및 가옥 소유자, 부동산등기 등은 반드시 확인해야 한다. 소유자와 물건 정보가 기록된 등기부등본(등기사항 증명서)은 지역 법무국에서 볼 수 있다. 거기엔 소유자 주소가 있으므로 직접 교섭이 가능하다. 다만 등본에 기재된 소유자 주소로 찾아가 봐야 아무도 없는 일은 시골에서 자주 있는 일이다.

앞서 빈집을 빌려주지 않는 이유로 체면치레라는 지역다운 사정이 있다고 설명했다. 지역 사람의 소개라면 소문이 금방 퍼져 빌려주거나 파는 것을 주저하는 사람이 대부분이지만, 지역 외부에서 온 제삼자라면 의외로 쉽게 빌려주는 일도 있다. 팔지 않더라도 임대받아서 살면서 신뢰를 쌓으면 나중에라도 살 수 있다.

빈집으로 방치하는 가장 큰 이유는 '물건 보관 장소가 필요해서'라고 앞서 말했다. 이는 거꾸로 얘기하면 집을 정리하고 관리한다는 조건을 내세우면 빌려주거나 팔 수도 있다는 뜻이다.

농지는 간단히 살 수 없다

마지막으로 농지에 관한 말을 해두고 싶다. 반농반X를 목표로 오사카에서 아와지시마로 이주한 제5장의 시라이시는 아직도 임시 거주 상태다. 지역 사람의 소개로 빈집을 빌려 쓰고 있지만, 시라이시는 닭도 키울 수 있는 농지로 둘러싸인 산속의 집에서 살고 싶어한다.

그런데 그런 장소들은 예외 없이 시가화조정구역이어서 집을 짓기가 어렵다. 빈집을 빌려 근처에서 농업을 시작하는 것도 어렵다. 이제까지 말한 대로 농지는 돈을 준다고 살 수 있는 것이 아니다.

농지를 취득하려면 영농계획을 작성하여 농업위원회의 허가를 받아야 한다. 원칙적으로 50아르(5000㎡) 이상의 농지를 경영하지 않으면 매매할 수 없다. 법 개정으로 경영농지의 하한면적의 인하가 2009년에 인정되었지만 내가 사는 아와지시는 여전히 40아르(4000㎡)나 된다.

「부동산등기법」에 따라 토지는 택지와 산림, 주차장 등으로 사용할 수 있는 잡종지 등 계 23개 지목이 정해져 있다. 그러면 농지를 택지로 지목변경하면 되지 않냐고 생각할 수 있지만, 농지의 지목변경을 위해서는 농업위원회의 엄격한 심사를 통과해야 한다. 농업 번성 지역에서는 우선 불가능하다.

목적과 취향에 따라 살고 싶은 지역은 바뀐다. 그중에는 작은 마을이어도 충분한 수의 임대물건이 있는 지역도 있지만 도시인의 눈높이에 맞는 수준은 아니다.

2. 생활비

도시와 지방의 생활비는 비슷한 수준

지방에 이주하고 싶은 사람은 지방에 가면 생활비가 적게 들 것으로 생각한다. 가장 큰 비중을 차지하는 주거비는 도쿄권에 비해 확실히 싸다. 도쿄 민영주택 임대료는 월 3.3㎡당 8,566엔으로 제일 싼 야마구치 3,430엔의 2배 이상이다.

거꾸로 지방 사람으로서는 도쿄의 임대료는 상상할 수도 없는 큰 액수다. 나는 아와지시마 지역 출신 남성로부터 이런 질문을 받은 적이 있다.

"TV 프로그램에서 지방에서 상경한 여성들의 도시생활을 보여주던데 그런 새장같이 좁은 방에서 왜 5만, 6만 엔이나 주고 살아요?"

그렇게 생각하는 것도 무리는 아니다. 아와지 시내에서 월세 5, 6

지역별 주거비

지역	(1㎡당) 주택지·지가	(3.3㎡당) 민영임대 주택 월세	(1주택당 ㎡) 대지면적	지역	(1㎡당) 주택지·지가	(3.3㎡당) 민영임대 주택 월세	(1주택당 ㎡) 대지면적
홋카이도	20,000	3,689	294	시가	46,500	4,009	272
아오모리	16,100	3,680	346	교토	109,300	5,261	165
이와테	24,900	4,135	404	오사카	150,700	5,907	129
미야기	42,000	4,527	353	효고	103,100	5,686	203
아키타	13,200	3,950	374	나라	52,900	4,133	230
야마가타	19,700	4,189	408	와카야마	36,200	3,506	224
후쿠시마	23,300	4,056	369	돗토리	19,200	4,152	321
이바라키	32,400	3,960	425	시마네	20,800	4,151	317
도치기	32,400	3,776	375	오카야마	29,300	4,355	273
군마	31,700	3,666	355	히로시마	57,000	4,212	223
사이타마	113,700	6,242	216	야마구치	25,600	3,430	284
지바	75,600	4,978	248	도쿠시마	29,500	3,951	293
도쿄	378,100	8,566	140	가가와	32,900	4,040	289
가나가와	179,300	6,936	170	에히메	35,400	3,478	243
니가타	26,000	4,289	335	고치	30,800	3,810	200
도야마	30,800	3,991	370	후쿠오카	54,300	4,191	270
이시카와	44,300	4,125	276	사가	20,500	3,546	324
후쿠이	29,700	3,583	325	나가사키	24,500	5,575	249
야마나시	24,000	3,820	342	구마모토	28,700	3,873	335
나고야	25,000	3,739	357	오이타	25,100	3,644	295
기후	32,600	3,579	292	미야자키	24,600	3,789	339
시즈오카	64,500	4,673	269	가고시마	27,300	4,360	324
아이치	104,300	4,948	251	오키나와	62,600	4,088	273
미에	28,500	3,666	282				

*출처: 국토교통성. 2020. 「도도부현 지가 조사」, 총무성 통계국. 「통계로 보는 도도부현의 모습 2020」.

만 엔을 내면 — 상태에 따르지만 — 넓은 집을 빌릴 수 있다. 그렇게 집세가 싸니까 지방의 생활비는 적게 들 것으로 생각할지 모르지만 그런 일은 없다. 돈이 적잖이 든다.

나는 아와지시마로 이주하기 전까지 도쿄에서 월세 9만 엔의 집에 살았다. 도쿄 시내 역세권 집치고는 싼 편이었다. 1988년에 지어진 오래되고 엘리베이터 없는 인기 없는 4층 건물이었다.

지금 살고 있는 집의 월세는 4만 4,000엔이다. 이주 후에 지역에 있던 빈집 소유자와 직접 거래하여 새롭게 이사한 곳이다. 도쿄의 값 싼 맨션은 40㎡이었지만 지금 사는 곳은 연면적 100㎡이 넘는 2층 단독주택이다. 아내와 둘이 살기 때문에 너무 넓어서 쓰지 않는 방 도 있다. 민박이라도 해볼까 생각하는 중이다.

거주비만 보면 4만 6,000엔이 줄어든 것이다. 다만 그만큼 지방 만의 경비가 나간다. 가장 큰 비중을 차지하는 것은 차량 유지비다. 도쿄 도심부는 철도망이 촘촘하게 연결되어 있어서 차의 필요성을 절실하게 느낀 적이 없다. 지방에 취재하러 갈 때는 렌터카를 사용 했지만, 도쿄에서 지낸 20년간 차를 소유하진 않았다.

하지만 아와지시에서는 로컬버스가 있다고 해도 운행 횟수가 적 고 그 외의 다른 공공교통수단이 없다. 차가 생활필수품이 되는 것 이다.

나는 이주 후에 일상생활과 취재 활동을 위해 1대, 농작업과 어업 아르바이트를 위해 1대, 총 2대에 60만 엔을 들여 저렴한 중고 경차 와 경트럭을 샀다. 5년을 쓴다고 가정하면 1개월에 1만 엔이 드는 셈이다.

2대의 자동차보험료는 연간 약 10만 엔, 매월 약 8,000엔 정도이다. 또한 2대분의 주차장이 필요해서 매월 8,000엔을 지불하고 있다. 2년에 한 번 정기검사를 받는 비용을 계산하면 매월 약 5,000엔이다. 차를 보유하고 있으니 자동차세도 납부해야 한다. 2대에 약 1만 5,000엔, 월 약 1,250엔이다.

이런 차량 유지비까지 합산하면 매월 3만 2,250엔이 드는 셈이다. 아와지시마로 이주하여 절약하게 된 임대료 차액이 4만 6,000엔인데 여기에서 차량 유지비 3만 2,250엔을 빼면 1만 3,750엔이 남는 셈이다.

집은 넓어졌지만, 고정 생활비는 도쿄와 큰 차이가 없다. 여기에 결정적인 영향을 미치는 것이 도시보다 훨씬 비싼 난방비다.

LPG 가스비는 도시가스비의 1.8배

2016년 전기 소매업 참가가 전면 자유화가 되고 2017년 4월에 도시가스 자유화가 시작되었다. 시장 개방에 의해 경쟁적으로 전기와 가스 세트 상품이 출시되어 독점이었던 시절보다 싼 요금을 제공하는 회사도 생겼지만, 이는 도시만의 이야기다.

원래 시골은 도시가스를 쓸 수 없다. 도시가스 공급 지역은 국토 면적의 약 6%에 불과하다. 시골에서는 LPG 가스를 쓴다. 가스의 원료와 성분이 다르면 공급방법도 다르다.

도시가스는 관을 통해 제공되지만, LPG 가스는 각 가정에 가스 탱크를 설치하여 이용한다. 가스관 설치에는 많은 경비가 들기 때문에 그 비용을 바로 회수할 수 있는 도시에서만 제공되는 것이다.

도시가스 공급세대비율은 도시는 100%이지만 전국 평균은 54.2%에 지나지 않는다. 나는 그런 것도 모르고 도쿄에서 전용 가스레인지와 가스 팬히터를 가지고 이사해서 하나씩 버리기 시작한 사람의 한 명이다.

문제는 요금이다. LPG 가스는 도시가스에 비해 매우 비싸다. 도쿄의 도시가스비와 아와지시의 LPG 가스비는 기본요금에서는 큰 차이가 없지만 사용료가 가산되는 종량요금은 2배 이상 차이가 난다.

내 눈앞에 2020년 12월 가스비 청구서가 있다. 1개월 사용량이 21.4㎥로 종량요금은 8,999엔이다. 도쿄에서는 이 정도 사용하면 3,338엔이었다.

사업자에 따라 요금은 다르지만, 이 책에서 취재한 이주자 전원이 도시가스에서 LPG 가스 공급지역으로 이주했고 "가스비가 올랐다"라고 입을 모았다.

일본생활협동조합의 '우리 집 전기·가스 요금 조사'(2019년)에 따르면 도시가스는 1㎥당 요금이 170엔이지만, LPG 가스는 도시가스의 약 1.8배인 313엔이다.

도시가스 공급구역 내 세대 비교

(단위: %)

오사카	106.7	야마구치	55.6	아키타	39.5
도쿄	103.0	군마	52.6	구마모토	38.8
가나가와	100.7	미에	52.4	후쿠시마	37.7
사이타마	93.0	오카야마	52.1	아오모리	36.7
지바	92.8	나가사키	51.8	미야자키	36.1
아이치	92.5	기후	51.4	사가	35.9
요코하마	90.5	나고야	45.0	오키나와	35.0
나라	89.2	가고시마	43.8	에히메	32.1
교토	87.3	도치기	43.7	이와테	31.1
니가타	82.4	이시가와	43.0	고치	30.1
시즈오카	71.4	이바라키	42.3	야마가타	30.1
홋카이도	67.6	도야마	41.5	시마네	26.4
미야자키	66.4	오이타	40.9	후쿠이	26.1
히로시마	62.5	돗토리	40.8	야마나시	24.6
후쿠오카	62.3	와카야마	40.6	도쿠시마	23.4
시가	59.6	가가와	40.0		

＊주: 계량기 수가 세대수를 넘는 경우는 100%가 넘음.

＊출처: 총무성 통계국. 「사회생활통계지표 2019」.

같은 현 내에서도 5배 이상 다른 수도세

전기와 가스에 이어 수도세도 낮은 수준이 아니다. 수도 사업은 각 지자체가 운영하지만, 지방일수록 비싸다. 인구가 줄면 1인당 수도설비 유지비 부담이 크게 늘기 때문이다.

정수장과 수도관 설치비, 유지비, 인건비 등 모든 비용은 원칙적으로 요금 수입에서 나온다. 대부분 수도설비가 노후되고 있으므로 재정력이 약한 지자체에서는 주민 한 명당 부담이 많이 늘어난다. 기본 수도 요금은 전국 평균 월 약 841엔이지만 제일 비싼 홋카이도는 월 1,412엔이다.

다만 시골이라고 모두 비싼 것은 아니다. 도쿄도는 월 920엔으로 평균보다 높다. 한편 인구는 적어도 수자원이 풍부한 시즈오카현(470엔)과 야마시나현(535엔) 등은 전국 평균보다 싸다. 이렇듯 수도 요금에는 지리적 요인이 크게 작용하기에 같은 현 내에서도 매우 다르다.

내가 살고 있는 효고현에는 전국에서 가장 수도세가 싼 아코시(赤穂市)가 있다. 인구 약 4만 7,000명의 소도시지만 같은 인구 규모의 아와지시와 비교하면 수도세가 월등히 싸다.

30㎡의 수도세를 비교하면 아와지시는 효고현 내에서 2번째로 비싼 6,900엔이고 아코시는 1,130엔이다. 같은 현이라도 섬 밖에서 물을 공급받는 아와지시와 수량이 풍부하고 수질도 좋은 지구치강이 흘러 지하수가 풍부한 아코시는 다르다.

난방비는 매월 들기 때문에 저렴하게 할 수 있는 것이 아니지만, 이주를 검토할 때는 난방비도 확인할 필요가 있다.

주민세는 비슷한 수준

오르는 것은 난방비만이 아니다. 세금도 오를 수 있다. 우선, 주민세는 지자체마다 다소 차이는 있으나 난방비 정도로 큰 차이는 없다.

주민세는 개인주민세와 법인주민세가 있다. 매년 1월 1일 기준으로 거주하는 지자체에 내는 것이 개인주민세로서 이는 교육, 복지, 소방, 쓰레기처리 등 행정서비스의 재원이 된다.

개인주민세는 비과세 한도액을 웃도는 납세의무자에게 저액의 부담을 요구하는 균등할당제와 소득금액에 대한 소득할당제로 구성되어 있다. 각각 (광역 지자체에 해당하는) 도도부현에 납부하는 도도부 현민세와 (기초 지자체에 해당하는) 시정촌에 납부하는 시정촌민세(도쿄 23구의 경우는 특별구역민세)로 나뉘어 지자체에 따라 표준세율이 정해져 있다.

그래서 사는 지역에 따라 큰 차이는 없지만 균등할당제 부문은 도도부현·시정촌의 재정상황에 따라 약간 다르다. 고베시의 시민세는 3,900엔으로 표준액보다 400엔이 비싸다. 이는 고베시가 새로 창설한 '치매환자에게 친절한 마을 만들기 고베모델제도'의 부담액이 포함된 금액이다. 또한 고베시는 현민세도 2,300엔으로 표준액보다 800엔 비싸다. 삼림과 도시의 녹지정비에 사용되는 현민 녹지세를 포함했기 때문이다.

도도부현 국민건강보험료 (표준화보험료 산정액)

(단위: 엔)

지역	평균	최대		최소	
홋카이도	129,783	데시오	190,870	호로카나이	62,254
아오모리	134,932	나카도마리	164,010	록카쇼	100,968
이와테	114,921	스미타	126,994	노다	91,599
미야기	122,631	히가시마쓰시마	142,834	야마모토	77,291
아키타	129,560	고호메	164,626	니카호	96,583
야마가타	142,577	신조	153,844	이데	98,546
후쿠시마	116,103	오쿠마	157,121	히노에마타	63,325
이바라키	108,861	기타이바라키	123,596	우시쿠	90,735
도치기	117,011	가누마	145,962	이치카이	103,483
군마	113,813	신토	133,548	난모쿠	88,698
사이타마	102,533	혼조	113,650	오가노	73,249
지바	110,937	구주쿠리	132,815	이치가와	92,059
도쿄	107,388	23구	114,664	미쿠라시마	56,234
가나가와	103,669	유가와라	131,988	아야세	91,136
니가타	123,615	아와지마무라	134,449	쓰난	80,520
도야마	116,009	가이이치	129,477	후나하시	96,116
이시카와	129,781	가가	147,764	가와기타	93,667
후쿠이	119,865	후쿠이	132,889	이케다	72,387
야마나시	124,263	후지카와	138,154	고스게	73,214
나고야	114,052	오부세	137,244	네바	62,799
기후	122,710	이케다	142,161	히다	86,850
시즈오카	113,860	요시다	125,016	가와네	86,734
아이치	106,055	나고야	122,782	도요네	72,164
미에	118,037	마쓰사카	137,788	다이키	83,111
시가	119,858	릿토	132,939	다가	100,564

도시 버리기

지역	평균	최대		최소	
교토	124,878	가메오카	131,406	이네	67,531
오사카	134,219	다카이시	149,347	지하야아카사카	112,322
요코하마	127,073	아마가사키	150,070	가미	97,252
나라	122,449	헤구리	150,041	시모키타야마	75,445
와카야마	131,176	유아사	158,251	키타야마	89,626
돗토리	119,035	와카사	147,569	호우키	102,703
시마네	135,514	고쓰	147,444	지부	75,470
오카야마	120,944	이바라	148,206	야카게	105,297
히로시마	121,681	구레	132,901	진세키코겐	92,658
야마구치	138,807	우베	151,629	다부세	117,329
도쿠시마	145,629	아와	178,028	가마가쓰	103,817
가가와	123,594	다도쓰	133,779	쇼도지마	109,171
에히메	134,889	구마코겐	153,476	가미지마	105,283
고치	132,508	난코쿠	140,287	도요	95,069
후쿠오카	125,562	게이센	150,879	히사야마	97,193
사가	143,079	고호쿠	153,230	겐카이	119,174
나가사키	133,414	가와타나	158,591	사자	110,787
구모마토	139,049	니시키	153,222	미나마타	99,465
오이타	141,562	다케다	151,567	히메시마	99,550
미야자키	138,231	미야코노조	151,268	니시메라	99,299
가고시마	123,928	히오키	136,992	미지마	84,705
오키나와	120,220	다라마	175,904	기타다이토	66,359

＊주: 특정피해지 포함.

＊출처: 후생노동성. 2017. 「시정촌 국민검강보험료의 지역차 분석」.

국민건강보험료 차이는 최대 3.4배

국민건강보험료의 지역 차도 크다. 코로나 이주희망자 중에는 나 같은 자영업자도 많을 것이다. 회사원과는 달리 보험료는 전액 자기부담이므로 지역 차를 확인해야 한다.

표준화보험료는 도도부현 평균 소득자의 보험료를 의미한다. 보험료가 낮은 지역은 사이타마현, 가나가와현, 아이치현, 도쿄도, 이바라키현 순이다. 반대로 높은 지역은 도쿠시마현, 사가현, 야마가타현, 오이타현, 구마모토현이다. 인구가 많은 도도부현일수록 낮고 시코쿠, 규슈는 높게 나타나는 것이 특징이다.

가장 보험료가 높은 도쿠시마현은 14만 5,629엔으로 가장 낮은 사이타마현 10만 2,533엔보다 1.4배 정도 많다.

도도부현 단위가 아닌 지자체별로 보면 그 차이는 더욱 크다. 제일 높은 홋카이도 데시오정(天塩町, 19만 870엔)은 제일 낮은 도쿄도 미쿠라시마촌(御蔵島村, 5만 6,234엔)의 약 3.4배이다.

소득이 높을수록 보험료는 높아지지만, 평균소득으로 비교해도 이런 지역 차가 나타나는 이유는 보험료 산정방식이 지역별로 다르기 때문이다.

소득 기준의 소득할당제와 고정자산 기준의 자산할당제, 1명당 정액인 균등할당제 등을 모두 채택하거나 부분적으로 채택하는 방식으로 산정방식이 다르다.

그래서 같은 현에서도 격차가 크게 나타날 수 있다. 같은 홋카이도라도 호로카나이정(幌加内町, 6만 2,254엔)의 보험료는 데시오정 (19만 870엔)의 약 3.1배다.

국민건강보험은 1961년 국민건강보험제도 도입 때부터 각 시정촌이 운영하던 것을 2018년부터 격차 해소를 위해 도도부현이 운영하고 있다.

다만 지자체별로 다른 산정방식과 재정상황에 따라 자연스럽게 지역 차가 생겨버렸다. 당연한 것이지만 의료기관을 이용하는 고령자가 많으면 그만큼 의료비가 오르고 그것을 부담하는 인구가 적어도 보험료는 오른다.

도도부현 보험료를 고령화율과 비교해보면 보험료가 낮은 도도부현인 사이타마의 고령화율은 26.7%, 가나가와현은 25.3%, 아이치현은 25.1%로 고령화율이 낮은 수준이다. 반대로 보험료가 높은 도도부현은 도쿠시마현 33.6%, 사가현 30.0% 야마가타현 33.4%로 고령화율이 높다.[*]

눈에 보이지 않는 시골의 수입

도쿄에서 아와지시로 이주하여 거주비가 4만 6,000엔 줄어들었다고 했지만, 차량 유지비, 난방비, 세금이 비싸진 것을 생각하면 고정적으로 드는 생활비는 줄어들지 않았다.

---

[*] 내각부. 「2020년 고령사회백서」.

그래도 지방다운 눈에 보이지 않는 수입도 있다. 도쿄에 살 때는 옆집 사람 이름조차 몰랐지만, 지금은 옆집에서 키우는 강아지 이름도 안다. 얼굴을 마주치면 인사하고 힘든 일이 있으면 서로 돕는다. 그런 당연한 사회 분위기다. 농업과 어업 종사자가 많아서 채소와 생선을 받기도 하는 등 눈에 보이지 않는 수입이 있다.

쌀은 동네에서 재배한 것을 산다. 나는 지역 농가에서 30kg을 7,000엔에 산다. 슈퍼에서 사면 5kg에 2,000엔 정도니까 매우 싸게 사는 것이다.

도시와 다르게 술 마시러 가는 일이 없어졌다. 음식점 자체가 거의 없다. 차로 움직이기 때문에 술 마시고 귀가할 수도 없다. 도쿄에 있을 때는 일 때문에 최소 1주에 세 번은 누군가와 술을 마셨다. 지금은 거의 집에서 마시고 가끔 근처의 작은 동네 술집이나 친구 집에서 마시는 정도다.

오락비도 안 든다. 도시에서는 누군가 준비한 것을 소비할 수밖에 없다. 그런데 시골은 낚시를 가든 밭을 일구든 무언가 만드는 일 자체가 오락이다. 무슨 큰돈이 들 일이 없다. 삶의 방식이 다르니까.

집을 신축하면 좀 더 쾌적한 생활을 할 수 있을지 모르지만, 돈이 든다. 그러나 빈집을 찾아서 스스로 수리하면 저렴하고, 그 과정 자체도 즐겁다. 그것이 시골살이의 진정한 묘미이기도 하다.

고정비용인 차량 유지비, 난방비는 도시와 별 차이가 없지만 전체 생활비는 아무래도 도쿄에 비해 줄어들 것이다. 그러나 생활비를 줄이는 것만을 목적으로 이주하면 호되게 고생할 수도 있다.

도시 버리기

정부의 가계조사는 도움되지 않는다

홍미진진한 정책이 있다. 시마네현 중산간지역 연구센터는 온라인으로 이주 후의 가계에 대해서 시뮬레이션할 수 있는 '시골살이 설계'를 제공한다. 나이와 가족 구성원 수를 입력하면 시마네현 중산간지역에서 생활하는 데 드는 지출을 볼 수 있다.

시험적으로 부부와 아이 1명(10세)의 세대로 시뮬레이션해보았다. 연간 총지출은 488만 엔 정도 된다.

부부+아이(10세)의 연간 지출 예측

식료품	63만 엔
일용품	42만 엔
주거	76만 엔
난방	21만 엔
상하수도	7만 엔
정보통신	23만 엔
가구·가전	11만 엔
자동차 유지비	93만 엔
아이 교육비	42만 엔
(아이 외) 교육비	4만 엔
의료비	7만 엔
보험·세금	59만 엔
사교비·여비 등	43만 엔
합계	488만 엔

＊출처: 시마네현 중산간지역 연구센터. 「시골살이 설계(체험판)」.

"도시 이주자들은 시골에 오면 지출이 크게 줄어들 것으로 생각하지만 실제로는 그렇지 않아요. 농업을 하면서 여유롭게 살고 싶다는 사람이 많지만, 현실을 알지 못한다면 이주 후에 의외로 생활비와 교육비가 많이 들어 그것을 메꾸기 위해 먼 곳까지 일하러 가는 바쁜 상황이 되기 마련이죠." [아리타 쇼이치로(有田昭一郎) 연구원 시스템 개발자]

홈페이지에서 계산할 수 있는 이 설계 서비스는 평균보다 10% 정도 높게 설정되어 있지만 온라인 이주상담 등에서는 더욱 자세히 계산할 수 있기 때문에 이주상담에 활용한다.

한편 정부의 기간통계의 하나인 총무성 가계조사의 지출금액(2019년 기준, 2명 이상의 세대)을 보면 오사카시 363만 3,389엔, 인구 5만 명 이하 지역은 338만 6,685엔이다.

그러나 그 내용을 보면 제일 큰 차이가 나는 주거비가 오사카시는 24만 7,184엔이고, 인구 5만 명 이하 지역은 17만 5,784엔이다. 애초에 오사카에서 연간 24만 엔의 주거비로는 생활 자체가 불가능하다. 총무성 담당자에게 그런 의문을 제기하자, "자가주택 등 그 품목에 지출하지 않는 사람도 포함되어 있어서 평균치 자체가 낮게 설정되어 있다"라고 답했다.

시마네현의 데이터 역시 마찬가지인 부분이 있다.

"이 시스템은 실제 지역의 시골에 사는 170세대의 데이터를 근

　　　　　도시 버리기

거로 설계했습니다. 다만, 자가주택 등 금액이 0이 되는 것은 계
산에서 제외합니다." (아리타 연구원)

이렇게 돈이 많이 드냐며 놀랄 수도 있지만 당연히 이 금액은 사람
들의 생활수준에 따라 다르다.

　　"근근이 생활한다면 300만 엔 정도의 수입으로도 충분하겠죠.
　　그러나 누구는 1년에 한 번 정도는 여행을 가고, 누구는 월 2-3회
　　정도 외식하는 등 생활방식은 제각각입니다. 아이의 교육비도 천
　　차만별이죠."

중고차는 30만 엔으로 충분

　시마네현 중산간지역 연구센터의 시골살이 설계에 따른 시뮬레
이션에서 지출의 큰 부분을 차지하는 것이 차량 유지비이다. 차량
구입뿐만 아니라 자동차보험, 주차장 사용료, 2년에 한 번 정기검
사, (눈 내리는 지역이라면) 스노타이어 준비에도 돈이 든다.
　지방에서 차 없이 생활하는 것은 불가능하다. 다만, 일상의 발이
되어주는 것이기 때문에 딱히 치장할 필요가 없다면 고급 차를 살
이유는 없다.
　지방, 특히 농산촌이라면 폭이 좁은 도로와 농로를 다닐 일이 많
다. 회전반경이 좁은 경차가 낫지만 어떤 차를 고르는 것이 좋을까.

수입 중고차 전문지의 전 편집장이자 지금은 프리랜서인 중고차 평론가 다테 군소(伊達軍曹)에게 이야기를 들어보았다. 중고 경차라도 10만 엔부터 100만 엔까지 여러 가지다. 너무 싸면 불안하지만 되도록 싸게 사고 싶다. 도대체 어느 정도의 예산이면 좋을까.

"슈퍼 가는 등 장보기용이라면 예산은 50만 엔 정도로 충분합니다. 30만 엔짜리 차도 충분히 달릴 수 있습니다. 중고차 가격은 천차만별로 상태가 좋다고 반드시 비싼 것은 아닙니다."

중고차는 차종뿐만 아니라 연식과 주행거리에 따라 가격이 크게 달라진다. 어떤 기준으로 골라야 할까.

"흔히 '년산' 이런 식으로 표현하는데, 10년산 주행거리 70,000-80,000㎞ 정도라면 문제없습니다. 중요한 것은 사용방법입니다."

경차의 연간 평균 주행거리는 8,000㎞ 전후이다. 이전 소유자가 드라이브를 자주 했거나 영업 목적으로 사용했다면 같은 10년산이라도 100,000㎞를 넘을 수 있고 그만큼 엔진과 부품 마모가 심할 수 있다. 그런데 사용방법이라는 것은 도대체 뭘까.

"연식이나 주행거리와 관계없이 이전 소유자가 차를 험하게 운전하고 정비도 소홀히 했다면 에어컨과 시동 등의 전기장치, 엔진

도시 버리기

과 하부 등 거의 모든 상태가 나빠졌겠죠. 차를 잘 알지 못하는 사람이 그것을 발견하기는 어렵습니다. 아무튼 내장과 외장이 깨끗한 것을 고르는 것이 중요합니다. 이전 소유자가 잘 관리하여 사용한 증거일 테니까요.

시트에 얼룩이나 흠이 있거나 냄새가 나는 것은 피하는 게 좋습니다. 대시보드에 작은 스크래치가 많다면 열쇠나 물건 등을 던지며 험하게 사용했다고 생각할 수 있습니다."

같은 경차라도 연비가 크게 다르다

일용 차는 그렇게 비싸지 않다는 것을 알게 되었다. 30만 엔 정도의 차를 4년 탄다면 1개월에 6,250엔 정도 든다. 물론 연비가 신경 쓰인다. 아무리 싼 차라도 연비가 나쁘다면 곤란하다.

다테는 예산 30만 엔이라도 연비가 좋은 경차를 소개했다.

"요즘 추세는 N-BOX(혼다), 단토(다이하쓰), 스페시아(스즈키) 등 차고가 높은 경차가 인기지만, 차고가 높으면 그만큼 공기저항이 있습니다. 연비를 생각하면 차고가 낮은 미라이스(다이하쓰)와 아루토(스즈키)를 추천합니다. 특히 미라이스는 경량화에 따른 연비 효율이 높아 하이브리드차 정도로 달립니다."

혼자 또는 부부 둘이라면 괜찮지만, 아이가 있다면 경차는 좁다.

그러면 30만 엔 정도의 예산으로 살 수 있는 차가 있을까.

"미니밴 타입이지만 혼다 푸리토를 추천합니다. 2열 시트로 좁게 느껴지지 않아요. 10년식이라면 그 예산으로도 구할 수 있습니다. 시골은 경쟁이 별로 없어서 가격이 비쌉니다. 따라서 근처 큰 도시에 있는 중고차 판매점에 가는 게 더 낫습니다.

시기도 중요해요. 신학기 시작 전인 2월과 3월은 가격이 높아요. 골든위크(5월 첫 주 장기연휴)와 실버위크 등 장기휴가철에는 판매점들이 적극적으로 판매하려고 노력하기 때문에 그만큼 싸게 살 수 있습니다."

나는 이주하여 다이하쓰 미라이스를 구입했다. 다테를 취재하기 전이었다. 7년 된 중고차로 주행거리는 불과 2만 6,000㎞짜리였는데 35만 엔에 샀다. 그 차로 결정한 이유는 중고차 판매점 직원이 이렇게 말했기 때문이었다.

"휘발유를 언제 넣었는지 모를 정도로 오래 달려요. 운전대행업자가 자주 사용하죠."

예산에 여유가 있는 사람은 다르겠지만, 나는 생활비에 큰 부담이 되는 차 고르기에 신중하고 싶었다.

3. 생활 인프라

25%의 마을에 고등학교가 없다

"사고 싶은 것은 아마존에서 사도 되니 시골살이에 큰 문제는
없어요."

이런 말을 계속 들었지만, 의료와 교육은 그렇지 않다. 아와지시
에 이주한 시라이시는 시코쿠의 마을도 이주 후보지로 생각했다. 그
러나 교육 때문에 포기했다.

"마을에 고등학생이 없었습니다. 고등학생은 마을에서 나가 하
숙한다고 하더군요. 아이들과 지낼 시간을 늘리려고 이주하는 건
데 그러면 의미가 없다고 생각했습니다."

요즘 고등학교 진학률은 거의 100%이지만, 전국 마을의 25%에
는 고등학교가 없다. 대학이나 전문대학이 대도시권에 집중되어 있
다는 사실은 거론할 필요도 없다.

지방은 대기 아동률*이 낮아서 육아환경은 좋을 수 있지만, 중고
생이 되면 선택지가 줄어든다. 학생이 적으면 협력성과 경쟁력을 갖

---

*어린이집, 유치원 정원 초과에 따른 대기. (역주)

도도부현 의료체계

지역	일반병원 수	특정기능 병원 수	지역	일반병원 수	특정기능 병원 수
홋카이도	2.2	3	시가	3.8	1
아오모리	2.4	1	교토	13.5	2
이와테	2.1	1	오사카	36.2	7
미야기	3.6	1	요코하마	11.4	2
아키타	1.7	1	나라	8.8	1
야마가타	1.9	1	와카야마	6.7	1
후쿠시마	2.5	1	돗토리	4.3	1
이바라키	3.9	1	시마네	3.3	1
도치기	3.0	2	오카야마	6.6	2
군마	5.1	1	히로시마	9.1	1
사이타마	11.4	2	야마구치	6.9	1
지바	7.1	2	도쿠시마	9.3	1
도쿄	42.0	16	가가와	7.9	1
가나가와	19.8	4	에히메	7.6	1
니가타	2.4	1	고치	10.1	1
도야마	4.7	1	후쿠오카	14.5	4
이시카와	5.8	2	사가	6.9	1
후쿠이	5.4	1	나가사키	7.3	1
야마나시	5.4	1	구모마토	6.3	1
나고야	3.5	1	오이타	7.3	1
기후	4.0	1	미야자키	6.6	1
시즈오카	5.4	2	가고시마	6.3	1
아이치	9.6	4	오키나와	6.9	1
미에	4.2	1			

＊출처: 총무성 통계국, 2020. 12. 1. 「통계로 보는 도도부현의 모습」. 특정기능병원 수는 후생노동성, 2020. 12. 1. 「특정기능병원 승인 상황」.

도시 버리기

출 수 없을 것 같다는 불안감도 생긴다. 시라이시는 "일자리처럼 앞으로는 교육도 온라인화 될 것"이라고 기대하지만, 고등교육의 선택지가 적다는 것은 분명 고민일 것이다.

의료 역시 마찬가지다. 단위면적당 일반병원 수를 보면 제일 적은 아키타현(1.7개)과 제일 많은 도쿄도(42개)는 20배 이상 차이가 난다.

또한 400병상 이상을 보유하고 높은 수준의 의료를 제공하는 특정기능병원은 전국에 87개가 있지만 이마저도 도시에 집중되어 있다. 제4장에 나온 고야마 도모타카가 "눈 내리면 택시도 구급차도 오지 못한다"라고 말한 것처럼 시골에서 무슨 일이 생기면 신속한 대응이 어렵다.

원격근무라면 30Mbps 이상의 속도여야

교육과 의료 등 생활 인프라 외에 반드시 확인해야 할 것은 통신환경이다. 코로나 원격근무 이주가 느는 상황에서 통신환경이 부실하면 이주할 수 없는 게 당연하다.

나도 아와지시에 이주한 후에 통신 문제에 부딪혔다. 지방의 통신환경은 불안정하다. 기지국의 수가 적고 회사별로 전파도달력도 다르다.

제1장에 소개한 IT기업 빅그로브에 근무하는 히라사와 쇼지로는 정말 이 분야에 프로다. 이주지의 주택보다 인터넷 광통신 회선부터 알아봤다.

"줌 등 온라인 미팅을 하는 데 어느 정도 속도가 나지 않으면 끊겨서 상대에게 불편을 끼칠 수도 있어요. 쾌적하게 이용하려면 업로드, 다운로드할 때 실측치로 30Mbps 이상이 되어야 해요. 기가바이트 광통신을 추천합니다." (히라사와)

제7장

제3의 일본

여가를 누리는 장소에서 생활 장소로

도쿄에 사는 이다 데루오(飯田昭雄, 53세)는 나가노현 북서부에 있는 오마치시(大町市)로 이주하려고 한다. 오마치시는 서쪽 도야마현, 북쪽 하쿠바촌(白馬村)과 근접하여 해발 3,000m급 봉우리가 이어지는 일본판 북알프스의 산기슭에 있다. 시내에는 맑은 물이 자랑인 아오키호(青木湖)가 있어 여름에는 캠프와 카누를 즐기러 많은 사람이 방문하는 곳이다.

이다는 미국에 본사를 둔 외국계 건축설계회사의 일본지사에 근무한다. 이전에는 광고업계에서 일했지만 '형태 있는 것을 남기고 싶다'며 쉰 살이 넘어 지금의 회사로 이직했다. 본사가 일본보다 감염 확산이 빨랐던 미국에 있었고 일본에서는 긴급사태선언이 있었기 때문에 원격근무를 하게 되어 맞벌이하는 부부 모두 재택근무를 했다.

도시 버리기

지역을 돌아다니며 워케이션으로 일하기도 했는데 일본 각지를 돌아다니다가 나가노현 하쿠바촌에 매료되었다. 그곳에서 사용하던 임대별장의 주인에게 초대를 받아서 간 곳이 오마치시였다. 그의 집은 넓었고, 집 뒤로는 아오키호수가 있어 집 마당에서 카누를 타고 호수로 갈 수 있었다. 꿈같은 공간이었다.

"여가를 즐기는 장소라고 생각했는데, 별장 주인처럼 시골에서 생업을 가지면 이런 생활을 할 수 있었다. 일하는 장소가 상관없어졌으니 나도 이런 좋은 환경에서 살고 싶었다."

아오키호 주변에 빈집이 나왔다는 연락이 와서 바로 현지로 달려갔다. 대지면적 300평. 건축한 지 40년 된 오랜 주택이어서 난방설비를 갖추기 위해 공사하고 있다. 2021년 여름에 입주할 예정이다.

"도쿄까지 4시간 정도 걸리지만 매월 한 번만 가면 되니까 큰 문제는 없어요. 신칸센을 타고 도쿄로 가는 느낌도 좋아요. 아무 것도 없는 농산촌이면 불편하겠지만 인근 도시까지 차로 15분 걸리고 거기에 카페와 레스토랑도 있어서 별다른 불편은 못 느껴요."(이다)

사무실은 담소를 나누는 장소가 된다

이다는 건축설계회사 직원으로 포스트코로나의 사무실 만들기 업무를 한다. 많은 고객과 일하면서 이제는 코로나 이전의 사회로 돌아갈 수 없다고 확신하게 되었다.

"포스트코로나 시대를 맞아 사무실을 어떻게 변화시킬 수 있는지를 많은 회사가 고민합니다. 코로나 이전부터 개인의 고정된 자리가 없는 프리 어드레스(free address)화가 확산했지만 이젠 출근마저 할 필요 없는 상황이 되었어요. 물론 온라인이 아닌 대면 업무의 장점도 있지요. 서로 이야기를 나누면서 새로운 발상이 떠오르기도 하고, 신뢰를 쌓기도 하니까요. 아마도 나중에는 사무실은 근무하는 곳이 아니라 담소를 나누는 장소가 되지 않을까요?." (이다)

이다가 근무하는 회사는 외국계 기업이어서 각국에 지점이 있다. 그래서 코로나 대응뿐만 아니라 다른 데서도 일본이 얼마나 뒤처져 있는지 체감한다.

"지금도 팩스와 도장을 사용하는 문화를 다른 나라 사람들이 보면 석기시대라고 생각할 거예요. 전자화폐도 보급되고 있지만, 중국인 관광객이 일본에서 처음 사는 것 중의 하나가 지갑입니다.

중국에서는 이제 지폐와 동전을 쓰지 않아요. 대만 등은 디지털 기술로 감염 확대를 막는데 일본은 코로나 대응력도 세계 수준보다 너무 뒤처져 있어요.

코로나 때문에 디지털청 창설 논의나 도장 사용 문화를 바꾸는 논의가 진행되는 등 어떤 의미에서는 좋은 계기가 마련된 것도 있죠.

앞으로는 일하는 장소를 선택하는 시대가 될 거예요. 구식 영업 스타일을 고수하는 회사에는 젊은이가 오지 않겠죠. 도쿄의 거리 자체도 매력을 잃고 있어요. 시부야의 미야시타공원은 청년 문화의 발상지였지만 상업시설로 바뀌고 말았어요. 대기업 부동산 개발자들이 그저 사람이 모이면 좋다는 발상으로 문화와 사람의 관계마저 망가트리고 있습니다.

'다음의 미래로'. 그것이 코로나가 남긴 메시지입니다." (이다)

마을을 만들고 싶다

지금까지 코로나 확산 후에 이주한 23명과 이미 이주를 결정한 1명 그리고 이미 코로나 이전에 이주한 8명의 이야기를 들었다. 주로 20-30대의 일하는 세대였다. 1981년생인 나도 간신히 그 세대에 들어있다.

인상적이었던 일이 있다. 인터뷰한 세 명에게서 똑같은 말을 들었다.

"마을을 만들고 싶어요."

그들이 말하는 '마을'에 구체적 계획이나 예산 등이 있을 리 없었지만, 현재 일본사회라는 '틀'에서 탈피하고 싶은 마음이 담긴 것이라고 느꼈다.

3명 중 2명은 20대, 1명은 30대였다. 전후 부흥의 상징이었던 도쿄올림픽을 모르고, 일본기업이 세계 경제를 견인하던 시기에 유명했던 '일본이 세계 제일(Japan as Number One)'이라는 말도 모르는 세대다.

버블 붕괴 후의 불경기에 사회에 진출했고 동일본 대지진을 경험했으며, 그 후 탄생한 제2차 아베 내각의 아베노믹스에 따른 일본경제의 재건 목표를 본 세대들이다.

대담한 금융정책으로 엔저·고주가를 연출하여 전후 두 번째로 긴 경기 확대를 실현했지만, 서민들은 그것을 체감하지 못했다. 아베 정부는 높은 유효 구인율을 자랑했지만, 그것은 노동력 인구 감소의 이면에 지나지 않는다. 거듭된 규제완화로 노동자는 정규직, 비정규직으로 나뉘고 종신고용은커녕 대기업도 부업을 인정하는 시대가 되었다.

이들은 "좋은 대학을 나와 좋은 회사에 들어가면 행복해진다"라는 소리를 부모에게 들으며 자란 세대이지만, 경제발전이란 이름으로 정부도 기업도 기약 없는 성장을 목표로 하는 것을 보며 도대체 어디에 행복이 있는가를 찾을 수 없다.

계기는 '깊은 산골 외딴집'

"마을을 만들고 싶다"라고 말한 사람 중의 한 명은 내 중학교 동창인 가네코 게타였다. 이 책의 서두에서도 말했지만 나는 그가 아와지시마에서 농사를 시작했다고 들어서 함께하자고 이주를 결심했다.

가네코가 이주를 생각한 계기는 2018년 오사카 북부 지진이었다. 고베 출신인 가네코는 한신·아와지 대지진도 경험했다. 당시 초등학교 6학년이었다. 지금도 피난소에서 건설과 토목 쪽에서 일하던 사람들이 부뚜막을 만들어주었을 때 사람들이 고마워했던 장면을 선명하게 기억하고 있다.

"언제 또 큰 지진이 발생할지 모른다. 도시에서 지진이 일어나면 패닉상태가 된다. 유통이 멈추고 식량 쟁탈전이 생긴다. 한 명이라도 생존할 수 있는 힘을 주고 싶다."

내가 이주를 결심한 이유도 이런 약간의 위기감이었다. 코로나 감염 확산 때문에 각국이 식량 수출을 제한했다. 아프리카 대륙에서는 사막메뚜기가 농작물을 먹어 치워 식량위기가 발생했다. 코로나로 마스크 부족이 큰 문제가 되었지만, 백 보 양보해서 마스크가 없다고 한들 생명과 직결되는 문제는 아니다.

그러나 식량이 없으면 곤란하다. 식량자급률이 약 40%인 나라인

데도 농가는 일손 부족으로 곤란을 겪고 있다. 그래서 직접 농업을 하면서 그 현실을 기자의 눈으로 보고 싶었다.

가네코의 이주 계기가 된 오사카 북부 지진 직후에 시작한 방송이 있다. TV 아사히의 인기 프로그램 〈깊은 산골 외딴집〉*이다. 가네코에게 있어서 그것은 충격이었다.

> "살기 위해 일하는 것이 아니라 그저 자연과 함께 살아가는 것.
> 그 모습이 너무 행복하게 보였다." (가네코)

자연에 둘러싸여 자급자족하며 슬기롭게 살고 있는 사람들의 방송을 본 다음 날 아내와 방송에 소개된 집을 찾아갔다. 그곳에서는 젊은 사람이 와주었다며 고마워했다.

> "이런 풍요로운 자연을 갖춘 호사스러운 공간이 고령화로 점점
> 황폐해지고 있다. 이곳을 지켜야 한다." (가네코)

일하기 위해 살고 싶지 않다

그때부터 구체적인 이주지를 찾기 시작했다. 대학을 중퇴한 후 계

---

*ABC TV에서 매주 일요일 오전에 방송하는 프로그램으로 위성사진만으로 전국의 오지 생활을 탐방하는 프로그램이다(https://www.asahi.co.jp/potsunto). (역주)

도시 버리기

빈집을 개조해 가게를 연 가네코 부부

속 토목 관련 일을 하던 가네코여서 불안은 없었다.

  "토목기술이 있으면 어느 시골에 가더라도 일이 있다. 오히려
  건설과 전기공사, 자동차 정비 등과 같은 일을 하는 블루칼라일
  수록 시골에서는 인기다. 지방에 가면 30대, 40대는 아직 젊은이
  다. 원격근무할 수 있는 사람만 이주할 수 있는 것은 아니다."

  가네코 부부는 이주지를 구하러 몇 개 지역을 둘러보고 2019년
10월에 아와지시마로 이주했다. 농지 소유자와 신뢰를 형성하여 고
정자산세 정도의 임대료로 농지를 빌리고 농기구도 동네 농가에서
빌렸다. 농지는 전부 경작방치 상태여서 개간 작업부터 시작했다.

막 이주하여 시작한 터라 수입을 기대할 수 없지만, 건설업과 심부름센터 일로 생계를 꾸리고 있다. 밭에는 화학비료를 사용하지 않고, 대나무 분말과 쌀겨를 토양개량제로 쓴다. 지속가능한 농업을 희망하는 동료를 모으기 위해 체험농장도 시작할 예정이다.

빈집 주인과 교섭하여 스스로 점포를 수리하여 2021년 1월에 오코노미야키 가게도 열었다. 나름 '마을 만들기'의 첫걸음이었다.

"일할 때 제일 쓸데없다고 생각한 것이 친구와 술 마시는 돈이었다. 그런데 내가 직접 동료와 술 마실 장소를 만들면 공짜다. 식재료는 직접 재배한다. 일하기 위해서 사는 것은 인제 그만 졸업하고 싶다."

개업일에 소문을 들은 마을 노인들이 몰려들었다.

"옛날에 여기는 정말로 큰 상점들이 늘어서 있었지."

친구와 한잔하는 초로의 어부가 기쁜 듯이 말했다.

정부, '이주를 강력히 지원한다'

이 책을 쓰고 있는 2021년 2월에 두 번째 긴급사태선언이 발령되었다. 여전히 앞이 보이지 않는 절망적인 상황이다.

도시 버리기

1월 18일, 정기국회가 시작되었다. 스가 요시히데(菅義偉) 수상은 정부의 연간 기본정책을 발표하는 시정방침연설의 모두발언에서 재차 긴급사태선언을 발령하여 대단히 송구스럽다, 하루빨리 수습하겠다고 말했다. 이주에 대해서도 언급했다.

"수도권 집중의 시정 및 지방 활성화는 정부의 오랜 과제입니다. 도쿄권으로 불리는 1도 3현의 소비 규모는 전국의 30%에 지나지 않습니다. 나머지 70%는 지방에서 이루어집니다. 지방의 소득을 높여 소비를 활성화하지 않으면 국가 전체의 활력이 떨어질 것입니다.

코로나를 계기로 다시 한번 지방에 대한 관심이 높아지고 있습니다. 23년간 도쿄권의 전입초과가 진행되었지만 2020년 여름부터는 5개월간 계속 수도권으로부터의 유출이 진행되고 있습니다.

이를 기회로 지방에서도 도시와 같은 일과 생활을 할 수 있는 환경을 만들어 도시에서 지방으로의 큰 인구이동 흐름을 만들겠습니다.

2022년까지 외딴섬까지 광통신을 정비하여 전국적인 원격근무 환경을 정비하겠습니다. 100만 엔의 교부금 및 주택 구입에 최대 100만 엔분의 포인트 부여로 지방이주 희망자들을 강력히 지원하겠습니다."

돈을 뿌리면 이주자가 늘 것이라는 이런 생각은 정말 안이하고 치

졸하다. 이 책에서도 누구이 말한 것처럼 지방이주를 하고 싶어도 많은 법률문제와 인프라 정비 문제가 있다.

　무엇보다 정부에 듣고 싶은 것은 일본의 미래다. 생산연령인구가 줄어드는 이 상황에서 어떤 미래를 만들고 싶은가 말이다. 2021년 10월 중의원 의원임기만료로 늦어도 가을에는 중의원 선거가 진행된다. 정부 여당은 지지율에 우왕좌왕하고 야당은 여당의 발목잡기에 필사적인 이 나라의 리더들로부터 일본의 미래에 관한 이야기를 듣는다는 것은 요원하게 느껴진다.

옛 경제관료의 말

　주간지《AREA》의 기사였던 2018년 8월에 '단카이세대'라는 말을 처음 쓴, 전 경제기획청(현재 내각부에 통합) 장관을 역임한 작가 사카이야 다이치(堺屋太一, 83세)를 취재했다. 당시의 자민당 총재선거에 관한 취재였지만, 그는 일본의 정치 위기에 대해 말했다.

　"제일 문제는 야당이 없다는 것이다. 야당이 없는 정치에는 논쟁도 없다. 총재선거 등은 찻잔 속의 회오리에 불과하다. 국가적으로 너무 큰 불행이다. 정치의 큰 비전이 없다.
　지금 직면한 최대 난제는 저출산인데 이에 관한 논의가 없다. 수도권 집중만 진행될 뿐 그 해결책이 보이지 않는다."

사카이야는 1997년에 《아사히신문》에서 연재를 시작한 소설 「헤세 30년」에서 이미 저출산을 예측했다. 이 작품은 인구가 감소하고, 수도권 집중으로 지방은 쇠퇴하고, 국채는 늘어간다는 내용이다.

현실에서도 소설 같은 일이 벌어지고 있다. 소설 단행본의 부제는 '아무것도 하지 않은 일본'이다. 이에 대해 사카이야는 이렇게 말했다.

> "(현실은) '아무것도 하지 않은 일본'과 비교해도 더더욱 아무것도 하지 않는 상태입니다."

이 소설의 속편으로 「단카이의 후」가 있다. 무대는 단카이세대가 은퇴한 후인 2026년 일본이다. 37살의 젊은 수상 도쿠나가 요시노부(德永好伸)는 신년 연설에서 국민에게 이런 말을 한다.

> "저는 일본의 사회와 풍토 그리고 현대의 기질에 맞는 '신장의 나라'를 만들고 싶습니다. 성장에 신경을 쓰지 않고, 국내 총생산 수치를 걱정하지 않고, 외국과 부를 경쟁하지 않는 일본만의 행복을 추구해야 한다고 생각합니다.
>
> 일본은 훌륭한 나라입니다. 치안은 양호하고 범죄, 교통사고, 노동재해도 지극히 적은 나라입니다. 교통 운행은 어느 나라보다 정확하고 무엇보다 세계 제일의 장수 국가입니다. 아름다운 일본, 안전한 일본을 지켜야 하지 않겠습니까."

이 작품의 부제는 '3번째의 일본'이다. 사카이야는 그 의미를 이렇게 말했다.

"강한 일본을 목표로 한 제1의 일본은 메이지유신부터 시작해 1945년 패전으로 끝났습니다. 전후 제2의 일본의 정의는 '안전과 평등과 효율'이었습니다. 그러나 평등과 안전이 지나치면 모험심이 생기지 않는 저욕사회가 되어 세상에서 의외성과 다양성이 사라지고 맙니다. 일본의 관료는 2년 정도 지나면 자리가 바뀌는 시스템 속에 있기 때문에 장기적인 사고방식을 갖고 있지 않습니다. 정치가가 비전을 가지고 '제3의 일본'을 논해야 합니다."

일본의 리더 입에서 사회적 거리, 원격근무 등의 '뉴 노멀(new normal)'이 아니라 '뉴 재팬(New Japan)'을 들을 수 있는 날이 올까. 그 답을 이주자들이 발견하기 시작하고 있다.

이 책을 쓰기 시작하면서 제일 고민했던 것은 제1장이었다.

이제까지 말한 것처럼 코로나 이주자의 대부분은 원격근무 환경이 정비된 일부 대기업과 IT 관련 기업 등의 직원이었다. 지역부흥협력대라는 이주 방법의 실태에서도 알 수 있지만 여전히 코로나 이주를 실행으로 옮기는 사람은 제한적이다. 모처럼 마음먹고 이 책을 샀는데 나와 상관없는 이야기라며 버리지 않을까 하는 불안감도 있었다.

그렇지만 이 책은 코로나 이주의 실제를 그대로 알리고자 했다. 포기하지 말기를 바란다. 지방에는 활약할 장소가 많다.

맺음말을 쓸 때도 근처 찻집에서 알게 된 어부에게 전화가 왔었다. 3월이면 까나리잡이가 시작되니 도와주러 오지 않겠냐는 전화였다.

4월에 마흔 살이 되었는데 난 여전히 이곳에서 청년이다. 그 어부를 도우면서 경매장에서 놀란 적이 있다. 고기잡이하러 나갔던 배가 일제히 경매장으로 돌아왔는데 모두가 70-80대의 현역 어부였다. 난 애송이다. 낚시를 좋아한다고 했더니 앞으로 어부가 되지 않겠냐며 유혹하는 어협 관계자도 있었다.

집필하는 중에 짬짬이 나의 주력 취재 테마인 외국인노동자 취재도 계속했다. 해고당하기도 하고 실종된 기능실습생 쟁탈전도 일어나고 있다. 코로나로 새로운 외국인 입국에 제한이 걸리는 한편에서는 일자리를 잃은 귀국곤란 기능실습생들이 체류자격을 변경하여 직종을 불문하고 일을 계속할 수 있게 되었기 때문이다.

그들의 보호단체에는 전국에서 전화가 온다. 건설과 요양보호, 농업과 수산가공 등 지방의 의뢰가 대부분이다. 어디든 마을에서 일손이 빠져나가 사람이 없다고 한탄한다.

마지막 장에서 친구 가네코의 경험을 소개했지만 코로나 이주는 도시에서 일하고 원격근무할 수 있는 사람만의 특권이 아니다. 오히려 블루칼라 직종은 어디에서나 인기다. 시골에 가면 30-40대도 청년이다. 의욕만 있다면 활약할 장소는 산더미처럼 많다.

확실히 지방의 임금수준은 도시에 비해 낮다. 육체노동과 단순작업만 할 수도 있다. 쇼핑시설과 오락시설도 없다. 그러나 내가 사는 아와지시마는 장난감 상자 같은 섬이다. 산이 있고 바다가 있고 사계절이 있다. 도시에서는 소비하는 즐거움밖에 없었지만, 시골에서는 가꾸는 기쁨을 느낄 수 있다. 경작 방치지를 일구고 빈집을 수리하고 채비를 만들어 낚싯대를 드리운다.

도시에서 보람을 느끼고 엄청난 소비를 지탱해주는 수입이 있어서 즐겁게 사는 사람까지 무조건 이주하라고 권하고 싶은 것은 아니지만, 과연 그런 사람이 얼마나 있을까.

쇼와 시대의 관리교육을 반성하면서 헤세 시대에는 개인과 자유를 중시하여 '일에 보람이 있다'는 말을 지나치게 했다. 상관없지 않은가. 단순노동이라도 평일은 열심히 일하고 쉬는 날은 가족과 행복하게 지내면 되지 않은가. 만원전차에 유모차를 밀어 넣고 누군가가 만든 상자 속에서 소비하는 것이 아니라 사계절의 변화를 느끼는 데 돈이 들지 않고 아이와 뛰놀 수 있는 장소는 엄청 많다면 더욱 좋지 않은가. 노동인구가 감소하는 속에서 무한 경제성장을 원하는 무리한 게임에 참가하는 것보다는 훨씬 행복할 테다.

당신은 지금 행복하게 살고 있습니까?

코로나는 그것을 묻는 계기가 되었다.

이 책의 편집을 담당해준 중앙공론신사 야마다 유키(山田有紀)에게 고마움을 전하고 싶다.

나는 고베에서 나고 자라 어릴 때부터 야구를 좋아했고 자연스럽게 한신 타이거즈 팬이 되었다. 이제까지 야구장에서 "뻗어버려라, 요미우리"라고 100번 이상 외쳤다고 생각한다. 사회인이 된 후에는 《요미우리신문》의 라이벌이라는 이유로 《아사히시문》을 구독했다.

중앙공론신사는 요미우리신문그룹의 일원이며 그 사옥은 도쿄 지요타구 요미우리신문 본사 19층에 있다. 이 책의 회의 때문에 처음 사옥에 들어갔을 때 독특한 긴장감을 느꼈다. 안내 프런트에 자이

언츠 선수의 브로마이드가 걸려 있어 여기는 적진이라고 느꼈다.

야마다도 언젠가는 지방에 이주하고 싶다고 말했다. 그때는 이주자 선배로서 조언하는 것으로 적진에서 저서를 내는 필자를 용서해주면 다행이겠다. 독자 여러분도 나라도 괜찮다면 이주상담을 할 수 있으니 가벼운 마음으로 연락해주길 바란다.

마지막으로 취재에 협력해준 이주자 그리고 이주관계기관과 지자체 담당자께 감사를 드린다.

나도 코로나 이주자의 한 사람으로서 새로운 나라를 만들고 싶다.

1. 현실은 이상과 다르다

언제나 느끼는 것이지만 일본의 비수도권 지역, 소위 지방이 직면한 문제는 우리나라와 너무 유사하다. 인구감소, 지역소멸, 이주 유치를 통한 인구증가, 지역창업 등의 키워드가 난무하며 지원금이 폭탄처럼 날리고 있다.

언제나 말하는 것이지만 일본의 문제해결법이 월등히 우수하다거나 우리는 너무 진부하게 문제를 풀어가고 있다고 주장하려는 것은 아니다. 아무리 우수한 해법이라도 절실함과 철저한 준비가 갖춰지지 않는다면 그건 그냥 지나가는 해프닝에 불과할 것이다.

저널리스트로서의 저자는 실제로 코로나(를 계기로) 이주를 한 사람이다. 그것도 말도 많고 탈도 많은 대기업 파소나 본사가 이전 계획을 발표한 (오사카와 고베 근처의) 아와지시마로 이주했다.

그러나 마냥 이주를 찬양하진 않는다. 도시의 삶은 모두 비루하고 전원생활이야말로 아름답고 여유롭고 행복한 삶이라고 우쭐대지 않는다. 현실은 그렇지 않기 때문이다.

2. 또 다른 삶의 터전으로 지방을 선택한다

저자는 32명의 이주자를 인터뷰했다. 수입도 많고 원격근무 정도는 가뿐하게 해낼 능력이 있는 사람부터 그저 전원이 좋아서 도시를 나온 사람들의 이야기를 들었다. 그리고 각 지역의 내부 사정을 각종 최신 통계를 통해 살펴보았다.

사람들은 왜 대도시를 떠날까. 이제까지는 막연하게 경쟁 피로감이나 도구화된 삶 등을 추상적으로 이야기해왔다. 그러나 여전히 그 사정은 복잡하다.

한편, 도시를 떠나는 이유와 특정 지역을 선택하는 이유는 같지 않다. 이 책은 도시를 떠나는 이유보다는 지방을 선택하는 이유와 그 이주 과정에 주목한다.

은퇴한 후에 유유자적한 전원의 삶을 누리는 시대도 있었고 여전히 그런 계층이 있지만, 코로나로 인한 지방이주의 특징은 우선 주체가 이전과는 다르다는 것이다. 연령이 30-40대로 낮아졌다.

평생 일하고 현역에서 물러나 푹 쉬러 가는 곳이 아니라 또 다른 삶의 터전으로 지방을 선택한다. 이들은 사회경력이 10년 이상이고, 독신이거나 아이가 있는 양육세대이며, 기술 접근성이 높은 계층이다. 연봉이든 대출이든 수입과 지출에 대한 계산을 현실적으로 할 수밖에 없다.

그래서 경치 좋은 시골보다는 어느 정도의 인프라가 있는 지방도시를 선호한다. 물론 일자리도 있어야 하고 일본 고유의 문제인 지진, 태풍, 방사능으로부터의 안전도 원한다.

교통도 괜찮아야 한다. 버스든 기차든 수도권이나 대도시에 적어도 3시간 내에는 갈 수 있기를 바란다. 날씨까지 좋으면 금상첨화다. 그러나 지방의 상황은 그 모든 것을 갖추고 있지 않다. 저자가 말하려는 것은 대도시와 현격히 차이 나는 지방의 현실이다.

자연재해 조건만 빼고는 우리나라의 이주자들도 고려하고 있는 조건들인데 지방의 준비가 덜 되어 있다는 것도 우리나라와 똑같다.

3. 지방이주의 세 가지 문제

저자는 시골살이의 가이드로서 거주, 생활비, 인프라의 세 요소를 잘 따져봐야 한다고 주장한다.

첫째, 거주를 촉진하기 위해 빈집뱅크 같은 서비스가 있지만 대부분 매매 중심이고 물건도 별로 없다.

어떻게 용케 집이라도 구하면 수리비가 어마어마하게 들 것 같은 낡은 집이다. 물론 DIY로 손수 시공하거나 DIT로 친구들과 고칠 수도 있다.

리모델링 문제와 함께 부딪치는 건 열악한 하수도 시설과 토지 소유의 난맥상이다. 내 땅인 듯 네 땅인 듯 내 땅 같지 않은 땅이 시골 엔 많다.

임시로 거주하라고 이주촉진주택이 있고 도시에는 이 지역으로 가 라며 귀향지원센터도 있는데 선뜻 복잡한 소유 문제와 어렵고 돈이 많이 들 것 같은 리모델링 문제해결을 위해 나서기 힘들다.

둘째, 생활비는 도시와 거의 같은 수준이다. 가스비, 차 유지비, 수도 요금, 주민세, 의료보험료 어느 것 하나 시골이라고 염가가 아 니다.

셋째, 인프라는 교육시설, 특히 중·고등학교가 부족하다. 또한 병 원이 부족하고(대부분은 없고), 인터넷 속도마저 느리다.

이쯤 되면 이주를 하라는 소린지 아닌지 헷갈리기 시작한다.

현실을 알고 선택하는 것은 여전히 개인의 몫이지만, 제도로 보완 해야 하는 많은 사항이 남아있다. 뭉터기의 지원금을 던지기 전에 그 돈의 쓰임이 현장 개선에 잘 활용되는지 살펴보아야 한다. 그리 고 그렇게 인구를 늘리고, 이주를 늘리고 싶다면 이주 전문성이 높 은 부서와 공무원을 육성하기 위해 노력해야 한다.

기후 위기 심화, 경쟁 포화 상태, 실업 급증 등은 앞으로도 더욱 확대될 것이고, 누군가는 그 대안으로 대도시 밖의 삶을 선택할 것 이다. 이 책은 그 선택의 자료로서 데이터를 제시하고, 이주 전에 가 늠해보아야 할 체크리스트를 제시하며, '리얼'한 지역의 삶을 소개 한다.

가고자 하는 사람은 늘고 있지만, 살기 어려운 지역 조건을 개선해야 하는 과제가 여전히 남아 있다.

도시를 과감히 버릴 수 있을지는 모르지만, 선뜻 지방을 선택하기 어려운 것이 현실이다. 도시의 모습이 선명한 것처럼 지방의 모습도 선명해질 수 있는 날이 오길 기대한다.

2023년 5월

역자를 대표하여

조희정

도시 버리기
로컬 이주 가이드
ⓒ사와다 아키히로

초판 1쇄 발행 2023년 5월 20일

지은이 사와다 아키히로
옮긴이 윤정구·조희정
펴낸이 서복경
기획 엄관용
편집 이현호
디자인 와이겔리

펴낸곳 더가능연구소
등록 제2021-000022호
주소 04071 서울특별시 마포구 성지길 36-12, 1층(합정동, 꾸머빌딩)
전화 (02) 336-4050
팩스 (02) 336-4055
이메일 plan@theposslab.kr
인스타그램 @poss_lab

ISBN 979-11-981812-1-3   03300

＊책값은 뒤표지에 있습니다.
＊잘못 만들어진 책은 바꿔 드립니다.